So lebe und blogge ich ...

Katharina Kraatz ist Autorin des Foodblogs »Katharina kocht« (www.katharinakocht.com) und lebt mit ihrer Familie in Lüneburg. Für gutes und leckeres, aber auch zunehmend gesundes Essen interessierte sie sich schon lange – und stellte dann vor einigen Jahren ihre Ernährung zunächst auf zuckerfrei und schließlich auf »clean« um. Damit fühlt sie sich seither pudelwohl: »Meine Leidenschaft ist *echtes* Essen, Gerichte, die ich mit natürlichen Lebensmitteln, ohne Tüten- oder Fixprodukte herstellen kann. Und ich liebe *gutes* Essen – Gerichte die schmecken, die mir aber auch gut tun, dem Körper und der Seele.« Ihre besten Rezepte haben es in dieses Buch geschafft.

Katharina Kraatz

Clean Eating

Natürlich, unbelastet und pur – das Kochbuch

TRIAS

Erdbeerjoghurt mit Kokos-Granola, Seite 29

9 Das Clean-Eating-Prinzip

10 Was ist Clean Eating?

10 Welche Vorteile hat Clean Eating?
11 Die fünf Clean-Eating-Richtlinien
18 Die Clean-Eating-Ampel:
    Wie clean sind die Lebensmittel?
20 Clean Eating im Alltag: So gelingt der Einstieg
23 Grundsätzliches zu den Rezepten

25 Cleane Rezepte

26 Frühstück

42 Fürs Büro und unterwegs

58 Vorspeisen, Suppen und Salate

76 Basics für die Vorratskammer

86 Schnelle Hauptgerichte

106 Hauptgerichte fürs Wochenende

120 Desserts, Gebäck und andere Leckereien

140 Zutaten- und Rezeptverzeichnis
142 Stichwortverzeichnis
144 Impressum

Liebe Leserin, lieber Leser!

Clean Eating – schon wieder so eine kurzlebige Modediät, die wir aus Amerika importiert haben? Nein, sicherlich nicht. Clean Eating, also wörtlich »sauber essen«, ist vielmehr eine ganzheitliche Ernährungs- und Lebensweise, die sich um natürliche Lebensmittel, um eine wirklich ausgewogene Ernährung und den bewussten Umgang mit Nahrungsmitteln dreht. Clean Eating ist keine Diät, die eine schnelle Gewichtsreduktion im Visier hat, sondern eine Ernährungs-umstellung: weg von industriell verarbeiteten, künstlichen Lebensmitteln, hin zu naturbelassener, unverarbeiteter Nahrung. Das Ziel ist dabei eindeutig das eigene Wohlbefinden – wenn dazu noch die Pfunde purzeln, umso besser. Dabei versteht sich das Clean-Eating-Konzept nicht als starres Regelwerk, sondern gibt uns einige Richtlinien an die Hand, mit denen wir Clean Eating in unser Leben integrieren können.

Dieses Buch ist in einigen Teilen auch ein Erfahrungs- und Erfolgsbericht. Als Autorin eines Foodblogs (www.katharinakocht.com) interessierte ich mich immer schon für zunächst gutes und leckeres, aber auch zunehmend für gesundes Essen. Vor einigen Jahren stellte ich meine Ernährung auf eine zuckerfreie Diät um und lebte fast schon automatisch nach dem Clean-Eating-Prinzip, ohne dass es damals für mich einen Namen gehabt hätte. Es tat mir gut und ich fühlte mich pudelwohl dabei.

Im ersten Jahr nach der Geburt meines Sohnes war dann aber plötzlich alles anders: Mit einem Baby auf dem Arm, das von Schlafen nicht viel hielt, war ausgiebiges, kreatives Kochen auf einmal in weite Ferne gerückt. Ich ließ die Zügel zunächst etwas, dann sogar ziemlich locker, immer mit der Begründung, dass ich die schnelle Energie dringend brauchen würde. Dass ich mir mit dem Schokoriegel oder dem Croissant vom Bäcker keine langfristige Energie zurück-holen würde, war mir eigentlich bewusst, aber nach der fünften schlaflosen Nacht in Folge wollte ich mich damit sozusagen »glücklich essen«.

Irgendwann war dann aber klar: So würde es nicht weitergehen. Beschwerden wie Gelenkschmerzen in Händen und Füßen, die ich laut Aussage des Arztes längst hinter mir hätte lassen sollen, waren mir erhalten geblieben, und die fahle Haut und die allgemeine Schlappheit waren nicht nur auf Baby-Nächte zurückzuführen. Als Bloggerin mit einem eher gesundheitsorientierten Thema wusste ich prinzipiell, wo das Problem lag – und auch, wie ich Abhilfe schaffen könnte. Es fehlte nur an der Umsetzung. Doch als ich eines Tages im Bus beinahe einen Schwächeanfall erlitt, nachdem ich diesen nur im Laufschritt und völlig außer Atem erwischt hatte, zog ich den Schlussstrich: keine Ausreden mehr. Ab sofort würde ich »clean« essen.

Die Umstellung funktionierte einfacher als gedacht, wahrscheinlich, weil sich der Erfolg so schnell einstellte: ein besseres Körpergefühl, mehr Energie, besserer Schlaf, weniger »Nebel« im Kopf und eine reinere Haut.

Für mich ist Clean Eating die ideale Ernährungsweise, eine, die sich auch langfristig beibehalten lässt, da sie abwechslungsreich ist und einfach Spaß macht. Darüber hinaus schränkt sie mich nicht ein, ganz im Gegenteil! Ich habe durch Clean Eating einige kulinarische Neuerungen in meine Küche gebracht, wie beispielsweise die Superfoods, tolle Snack- und Frühstücksideen oder vollwertiges Backen.

Meine Begeisterung möchte ich gern mit dir teilen und habe darum dieses Buch geschrieben. Nach einer kurzen Einführung zum Clean Eating und seinen Richtlinien findest du Tipps und Hilfestellungen für deinen Einstieg in diese Ernährungsweise. Über das Buch verteilt finden sich dazu weitere kleine Kapitel, die sich mit verschiedenen Aspekten des Clean Eatings befassen. Und dann natürlich der Rezeptteil: Mit 120 Rezepten möchte ich dir zeigen, wie lecker und abwechslungsreich gesundes, cleanes Kochen und Backen ist.

Dabei wünsche ich dir viel Vergnügen – und guten Appetit!

Herzlichst,

Katharina

Das Clean-Eating-Prinzip

Natürliche Lebensmittel und eine ausgewogene, abwechslungsreiche Ernährung sind die Basis von Clean Eating. Es geht also nicht um eine kurzlebige Diät, sondern um eine ganzheitliche Lebensweise.

Was ist Clean Eating?

Unverarbeitete Lebensmittel, die gespickt sind mit wichtigen Nährstoffen, mit Mineralien, Vitaminen und Spurenelementen, die langanhaltend sättigen und auch ohne Zuckerzusatz oder Geschmacksverstärker gut schmecken – das ist die Basis von Clean Eating.

In den letzten 100 Jahren hat sich unser Essen stark verändert. Statt natürlicher Lebensmittel, die nahezu unverarbeitet im Kochtopf landen, wählen wir häufig die Tütensuppe oder das Fertiggericht, weil es bequem ist und relativ schnell geht. Aber gesund ist das nicht.

Täglich verlangen wir unserem Körper viel ab: ständige Leistungsfähigkeit, eine hohe Stressresistenz und stetige Gesundheit. Aber während es für das Auto gern der teure Premium-Kraftstoff sein darf, bekommt der eigene Körper minderwertiges, billiges Essen voller Konservierungsstoffe, Aromen, Farbstoffe und chemischer Zusätze. Dummerweise können wir unseren Körper nicht alle paar Jahre gegen ein neues Modell austauschen wie unser Auto.

Grund genug also, ihn pfleglich zu behandeln und ihn mit dem zu versorgen, was er benötigt: gesundem, nährstoffreichem Essen, ausreichend Flüssigkeit und genügend Schlaf.

Beim Clean-Eating-Konzept wird so viel wie möglich frisch gekocht, ganz ohne Lebensmittelchemie-Baukasten, mit wenig Zucker und Salz und mit guten Fetten. Unverarbeitete, naturbelassene Lebensmittel stehen hier im Mittelpunkt. Clean Eating ist dabei keine Diät, sondern eine auf Dauer angelegte Ernährungsumstellung, die sich, einmal umgesetzt, leicht beibehalten lässt. Denn: Clean Eating soll sich in dein Leben integrieren, nicht umgekehrt – und das geht auch mit Kantine, Restaurant oder dem abendlichen Buffet im Urlaub.

Welche Vorteile hat Clean Eating?

Wenn du dich nach dem Essen, aber auch allgemein, schlapp und unwohl fühlst, keine Energie hast, dafür aber ständig Heißhungerattacken, dann ist Clean Eating wahrscheinlich genau das Richtige für dich. Die Schadstoffe, die deinen Körper belasten und dein Hirn quasi vernebeln, werden mit Clean Eating ausgeschaltet. Menschen, die sich nach diesem Konzept ernähren, bestätigen, dass sie nicht nur ein besseres Körpergefühl haben, sondern auch fitter, wacher und konzentrierter sind. Sie fühlen sich wohl in ihrer Haut, schlafen besser und bewältigen ihren Alltag mit mehr Ausdauer und Gelassenheit. Viele haben nach diversen erfolglosen Diäten durch

Clean Eating langsam, aber stetig zu ihrem Wohlfühlgewicht gefunden und halten es problemlos. Wie gesagt: Das oberste Ziel ist das eigene Wohlbefinden.

Zusammenspiel aller Nahrungsgruppen

Oft wird gefragt: »Clean Eating, ist das nur vegetarisch? Und nur bio? Und es ist bestimmt total teuer, oder?« Nicht zwingend. Clean Eating ist vegetarisch, wenn du es möchtest. Das Hauptaugenmerk liegt auf pflanzlicher Nahrung. Fleisch und Fisch sowie tierische Produkte können aber grundsätzlich Bestandteil eines cleanen Speisezettels sein. Clean Eating ist weder Low Carb noch Low Fat, weder Paleo noch vegan, es verwendet alle Nahrungsgruppen und kombiniert sie miteinander, um eine ausgewogene und abwechslungsreiche Kost zu gestalten, die schmeckt, Spaß macht und dabei alle Sinne anspricht.

Bio-Lebensmittel sind tatsächlich die besseren, da sie in der Regel weniger mit Schadstoffen belastet sind. Sie sind allerdings im Vergleich etwas teurer. Sieh es als Investition in dich selbst an, als deinen Premium-Kraftstoff. Auf der anderen Seite wirst du weniger Geld für Junkfood und Naschkram ausgeben und, dank Planungshilfen wie dem Wochenplan, keine Lebensmittel mehr wegwerfen.

Wie »clean« ist clean?

Ab sofort also nur noch Vollwertkost, bio und zuckerfrei? Nie wieder Kuchen oder Schokoriegel? Grundsätzlich gilt: Je weniger Ausnahmen, desto cleaner und damit gesünder. Andererseits gehören zum Leben auch Feiertage. Wichtig ist, dass du dich generell gesund, ausgewogen und abwechslungsreich ernährst. Dann bleiben Ausnahmen auch Ausnahmen. Gegen den Schokoriegel ab und an gibt es also genauso wenig einzuwenden wie gegen deine Geburtstagstorte. In vielen englischsprachigen Ernährungsratgebern werden sie wahlweise als »cheat« oder als »treat« bezeichnet, also als »Schummelei« oder als »Leckerei«. Ich bin dafür, das positiv darzustellen. Genieße deine »treats« also, immer im Bewusstsein, dass es eben Ausnahmen sind, und dass du danach deinen cleanen Ernährungsweg weiter gehen wirst.

Kaufen oder selber machen?

Beim Clean Eating wird möglichst viel selbst gemacht. Das ist doch der halbe Spaß an der Sache! Vielen Produkten, die wir bereits fertig als Convenience-Produkte kaufen können, sind Konservierungsmittel oder Geschmacksverstärker und Farbstoffe zugesetzt. Dabei kannst du viele von diesen Produkten sehr schnell und ohne großen Aufwand selbst herstellen, beispielsweise Salatdressings, Fruchtjoghurts oder Brotaufstriche. Bei anderen dagegen ist die gekaufte Version absolut in Ordnung. Mandel- oder Nussmus herzustellen ist ohne entsprechendes Gerät recht umständlich. Auch haben wir nicht jeden Tag Zeit, unser Brot selbst zu backen. Ist die Zutatenliste überschaubar und sind keine unerwünschten Zutaten dabei, dann spricht nichts gegen ein gekauftes »Basic-Lebensmittel«. Hast du Zeit und Lust, dich kreativ in der Küche zu betätigen, dann versuche dich an deiner selbst gemachten Version von Senf, Brot oder Gemüsebrühe.

Die fünf Clean-Eating-Richtlinien

Clean Eating ist ein Konzept, das keine Kalorien zählen will oder gewisse Speisefolgen oder -kombinationen vorschreibt oder verbietet. Es gibt aber eine Handvoll grundlegender Spielregeln, die es einfach machen, sich clean zu ernähren:

- Iss natürlich – mit unverarbeiteten und möglichst naturbelassenen Lebensmitteln.
- Iss fünf oder sechs kleinere Mahlzeiten über den Tag verteilt.
- Frühstücke für einen guten Start in den Tag.
- Trinke ausreichend (Seite 13).
- Mische in deinen Mahlzeiten gute Fette, wertvolle Proteine und langsam verdauliche Kohlenhydrate.

Iss natürlich

Das ist der Dreh- und Angelpunkt von Clean Eating. Unsere Lebensmittel haben sich verändert – oder vielmehr: Sie sind verändert worden. Ursprüngliche, unverarbeitete Zutaten, also im wahrsten Sinne des Wortes Grundnahrungsmittel, sind oft industriell hergestellten und hochverarbeiteten Fertiggerichten gewichen. Nicht umsonst heißt es »Nahrungsmittel-Industrie«!

Der Fokus von Clean Eating liegt auf pflanzlicher Nahrung, vor allem auf reichlich frischem Gemüse und Obst. Nüsse und Samen, Vollkorngetreide und Hülsenfrüchte ergänzen das breite Spektrum an cleanen Lebensmitteln. Tierische Produkte wie Fleisch und Fisch, Eier und Milch-

produkte sind durchaus vertreten, besetzen aber eher eine Nebenrolle. Nichts zu suchen haben beim Clean Eating hingegen Fertiggerichte und Convenience-Produkte sowie Lebensmittel, die mit Konservierungsmitteln, künstlichen Aromen oder Farbstoffen versetzt wurden. Ebenso werden Industriezucker und Auszugsmehle gemieden.

Idealerweise sollten die verwendeten Lebensmittel aus saisonaler und, sofern möglich, aus regionaler Produktion stammen. Sind sie darüber hinaus auch noch von Bio-Qualität, ist das ein optimaler Ausgangspunkt für eine cleane Ernährung.

Ab sofort gilt also: Lies immer die Etiketten der Lebensmittel, die du kaufen möchtest. Enthalten die Produkte chemische Zusätze oder Konservierungsstoffe, Weißmehl oder Zucker? Dann solltest du sie nicht kaufen. Enthält das Produkt mehr als fünf Zutaten, womöglich noch solche, die man kaum entziffern oder aussprechen kann? Zurück ins Regal damit. Im Zweifelsfall kann man sie auch selbst machen, oder braucht sie schlicht und einfach nicht.

Fünf kleine Mahlzeiten am Tag

Beim Clean Eating stehen statt drei großer Mahlzeiten fünf oder sogar sechs Mahlzeiten auf dem Speiseplan, denn zusätzlich zu den Haupt-

mahlzeiten kommen vormittags und nachmittags noch je eine kleine Zwischenmahlzeit hinzu. Das klingt zunächst nach viel Essen, ist aber nicht anders als das, was die meisten Menschen ohnehin machen. Snacks und kleine Zwischenmahlzeiten sind normal, aber nicht unbedingt gesund: eine Butterbrezel am Vormittag, ein Stück Kuchen zum Nachmittagskaffee und nach dem Abendessen ein Schälchen Chips, von den Gummibärchen zur Nervenberuhigung und der Notfallschokolade zur Krisenbewältigung mal ganz abgesehen. Alles zusammen schickt den Blutzuckerspiegel auf eine heftige Achterbahnfahrt und liefert über den Tag viel zu viele Kalorien.

Clean-Eating-Mahlzeiten orientieren sich dagegen an vernünftigen Portionsgrößen, die satt und zufrieden machen, aber kein Völlegefühl oder bleierne Müdigkeit hervorrufen. Außerdem macht sich das Clean-Eating-Prinzip die Zwischenmahlzeiten zum Freund, indem der Süßkram durch gesunde, nähr- und vitalstoffreiche Snacks ausgetauscht wird. Auf diese Weise wird der Körper optimal mit Nährstoffen versorgt und der Blutzuckerspiegel bleibt auf einem stabilen Niveau. So können Heißhungerattacken gar nicht erst entstehen! Zur Berechnung der Portionsgrößen sieh dir den Kasten »Wie groß ist eine Portion?« an (Seite 19).

Meine fünf oder sechs Mahlzeiten verteile ich in etwa so über den Tag:

- ⊘ 7:00 Frühstück
- ⊘ 10:00 Snack
- ⊘ 12:30 Mittagessen
- ⊘ 15:30 Snack
- ⊘ 19:00 Abendessen
- ⊘ 21:00 evtl. ein kleiner Snack.

Den Snack nach dem Abendessen esse ich übrigens nur dann, wenn ich wirklich hungrig bin und nicht nur ein nach Chips gelüstetes »Fernseh-Hüngerchen« verspüre.

Apropos »Fernseh-Hüngerchen«: Viele unserer Mahlzeiten und vor allem die Snacks nehmen wir mit irgendeiner Form der Ablenkung zu uns: im Büro vor dem Computer, daheim vor dem Fernseher und unterwegs mit dem Smartphone in der Hand. So merken wir oft gar nicht, dass wir mehr essen, als wir eigentlich wollten, geschweige denn brauchen. Die Ablenkung löst das sogenannte »mindless nibbling« aus, bei dem wir mental abwesend essen und naschen, ohne uns dessen bewusst zu sein. Daher: Mahlzeiten und Snacks sind auch gleichzeitig Pausenzeiten, Auszeiten für Körper und Geist. Das muss keine Stunde sein, schon fünf Minuten abschalten vom Alltag, den Blick vom PC nehmen und sich auf das Essen konzentrieren, sind wertvolle Momente. Manches, was man »mindless« in sich hineinstopft, wird, wenn es bewusst gegessen wird, auf einmal gar nicht mehr sooo gut schmecken.

Starte den Tag mit einem guten Frühstück

Die erste Mahlzeit des Tages schafft die Grundlage für den Tag und füllt die Energiespeicher auf. Das englische Wort »breakfast« verdeutlicht dabei, was es ist: ein Fastenbrechen nach einer mehrstündigen Ruhe über Nacht. Umso wichtiger, dass diese Mahlzeit nicht nur nahrhaft ist, sondern auch gut schmeckt, vor allem, wenn man morgens noch keinen allzu großen Enthusiasmus für Essen aufbringen kann.

Frühstück ist auch eine Mahlzeit, die gern mal im Vorbeigehen »erledigt« wird. Oft wird währenddessen Zeitung gelesen oder womöglich schon der erste Schwung E-Mails bearbeitet. Und nicht wenige lassen das Frühstück zugunsten von ein paar Minuten mehr Schlaf komplett ausfallen und holen sich dann auf dem Weg zur Arbeit mehr oder eher weniger cleane Croissants oder belegte Brötchen beim Bäcker, dazu einen Kaffee zum Mitnehmen.

Das ist schade, denn das Frühstück bietet als Morgenritual auch die Möglichkeit, sich auf den Tag einzulassen, sich noch einmal einige Minuten Ruhe zu gönnen und dann energiegeladen in den turbulenten Alltag zu starten. Mein Tag ist ohne Frühstück wesentlich unstrukturierter, ihm fehlt quasi die Basis. Wenn ich nicht frühstücke, snacke ich mich häufig durch den Tag und esse viel mehr, als mir guttut. Also gehe ich lieber etwas früher schlafen und bereite mein Frühstück am Vorabend vor, um der Ausrede, keine Zeit zu haben, vorzubeugen.

Gute Fette, komplexe Kohlenhydrate und Proteine

»Ausgewogen« ist wahrscheinlich das am häufigsten genutzte Wort unter Ernährungsberatern, allerdings auch das zutreffendste. Denn nur wenn der Körper mit allen Nährstoffen versorgt ist, funktioniert er wie ein wunderbar eingestelltes, effizient arbeitendes Schweizer Uhrwerk.

Mit dem Dreiklang aus Proteinen, Fett und Kohlenhydraten ist die Basis gelegt. Clean Eating ist kein Low-Carb- oder Low-Fat-Konzept, ebenso wenig ist es klassische Trennkost. Vielmehr achtet man darauf, dass eine Mahlzeit alle oder zumindest möglichst viele der Komponenten vereint: gute Fette durch native, nicht raffinierte Öle, Nüsse oder Saaten, wertvolle Proteine aus vor allem pflanzlichem, aber (bei Nichtvegetariern) durchaus auch tierischem Ursprung, sowie langsam verdauliche Kohlenhydrate aus ballaststoffreichem Gemüse, Vollkorngetreide und Hülsenfrüchten.

Trinken – wichtig für Körper und Geist

Wir brauchen viel Flüssigkeit – das weiß jeder. Aber wie viel? Und was? Zählt Kaffee auch dazu? Und was ist mit dem Drink zum Feierabend? Wenn wir uns clean ernähren wollen, wollen wir natürlich auch clean trinken. Und das ist gar nicht schwer.

Ein wichtiger Baustein jeder gesunden Ernährung ist das Trinken. Durch Schwitzen und sportliche Aktivitäten, aber auch durch ganz reguläre Verdauungsvorgänge verliert der Körper Flüssigkeit, die ihm wieder zugeführt werden muss. Das geschieht natürlich zum Teil bereits über die Nahrung, dennoch müssen wir durch Trinken zusätzlich Flüssigkeit aufnehmen – und das am besten in Form von Wasser.

Was bewirkt Wasser im Körper?
Dass Wasser genauso wichtig ist wie die sprichwörtliche Luft zum Atmen, weiß eigentlich jeder. Tatsächlich macht Wasser etwa 60 % unseres Körpers aus, jede Zelle enthält Flüssigkeit. Wasser als wichtigstes Lösungsmittel ist Hauptbestandteil des Bluts.

Fehlt Wasser, werden Körperteile nicht ausreichend durchblutet und mit Nährstoffen versorgt. Giftstoffe werden in der Niere in Wasser gelöst und ausgeschieden. Auch die Darmtätigkeit ist auf Wasser angewiesen. Die Haut sieht gut hydriert straffer und frischer aus – wer wünscht sich das nicht? Und nicht zuletzt benötigt das Gehirn Wasser. Eine zu geringe Flüssigkeitszufuhr führt zu Konzentrationsschwierigkeiten, Kopfschmerzen und, im ganz akuten Fall, sogar zu Verwirrung und Desorientierung.

Wie viel ist »ausreichend«?
Über die Haut, die Atmung und durch den Urin scheiden wir täglich etwa 2,5 Liter Wasser aus, auch wenn wir nur am Schreibtisch sitzen und kein schweißtreibendes Workout betreiben. Durch

ausgewogene, gesunde Ernährung mit viel Grünzeug und Gemüse kann ein Teil davon wieder ersetzt werden. Den Rest muss man sich »ertrinken«. Die generelle Empfehlung lautet, zwei bis drei Liter Wasser pro Tag zu trinken.

Mir ist das zu pauschal, denn es gibt einige Faktoren, die zu berücksichtigen sind, zum Beispiel:
- Bin ich sehr aktiv oder sitze ich hauptsächlich am Schreibtisch?
- Ist es ein heißer Tag, an dem ich viel schwitze?

Ich finde die Berechnung nach dem Körpergewicht am sinnvollsten, denn wer mehr wiegt, hat auch einen entsprechend höheren Flüssigkeitsbedarf. Die Faustformel lautet dabei: pro Kilogramm Körpergewicht sollten am Tag 30 Milliliter Flüssigkeit getrunken werden. Für eine Frau mit 60 Kilogramm Körpergewicht ist daher eine Flüssigkeitsmenge von 1,8 Litern optimal. Das klingt erst einmal gar nicht so viel, wenn man die üblichen zwei bis drei Liter im Kopf hat, aber auch diese 1,8 Liter entsprechen etwa sieben Gläsern. Ist man das nicht gewöhnt, kann diese Menge an Flüssigkeit zunächst eine Herausforderung darstellen. Aber auch das kann man lernen.

Bei Sport und Bewegung oder auch bei körperlicher Arbeit muss die Menge natürlich entsprechend erhöht werden, zusätzlich ein Liter Flüssigkeit pro aktiver Stunde ist sinnvoll.

Wie schaffe ich es, mehr zu trinken?
Wie eigentlich alles kann man auch ausreichendes Trinken lernen. Selbst »Konfirmandenblasen« können Trinkkompetenz erwerben.

Es ist wichtig, auf die Signale des Körpers zu hören. Das dringlichste Signal ist eindeutig das Durstgefühl. Wenn der Wasseranteil im Körper um 0,5 % sinkt, meldet das Hirn »Durst«. Allerdings, da sind sich Experten einig, ist Durst erst ein recht spätes Signal.

Deswegen ist es durchaus sinnvoll, das Trinken in den Tagesablauf einzubauen. An einem typischen Bürotag sollte das kein Problem sein: Stell dir entweder die Menge an Wasser, die

du trinken solltest, in Sichtweite auf den Schreibtisch und trinke sie über den Tag verteilt, oder nutze die Technik und lade dir eine Trink-Erinnerungs-App auf dein Smartphone oder den Computer. Die meldet sich immer dann, wenn es wieder Zeit für ein Glas Wasser ist. Auch unterwegs ist eine solche App sehr sinnvoll, denn bei einem vollen Tagesprogramm bleibt der Griff zum Wasserglas schnell mal auf der Strecke. Ein guter Start in den Tag ist auch, direkt nach dem Aufstehen ein Glas lauwarmes Wasser mit einem kräftigen Schuss Zitronensaft zu trinken. Das macht wach und regt die Darmtätigkeit an.

Damit du auch wirklich am Ball, oder in diesem Falle, am Glas bleibst, ist es am einfachsten, wenn du deine Trinkmenge Schluck für Schluck steigerst. So setzt sich eine neue Gewohnheit am besten fest.

Hast du bislang immer nur wenig getrunken, weil du sonst stets und ständig ins Bad gesprintet bist, und kennst du jede Toilette deiner Stadt? Dann kann dir, so paradox das klingt, mehr trinken sogar helfen. Die Harnblase ist ein Muskel, der trainiert werden kann, wie beispielsweise der Bizeps. Wenn die Blase also regelmäßig gut gefüllt wird, lernt sie, sich auszudehnen und nicht schon beim kleinsten Tröpfchen Alarm zu schlagen. Hinzu kommt, dass konzentrierter Urin als Folge von geringer Flüssig-

keitszufuhr die Blasenschleimhaut reizen und somit das »Ich-muss-schon-wieder-Signal« vorzeitig auslösen kann. Gib deiner Blase aber auch die Chance, sich an die neuen Belastungen zu gewöhnen und steigere deine Trinkmenge langsam.

Muss ich unbedingt pures Wasser trinken?
Nein – aber es ist am besten. Wenn stilles Wasser so gar nicht dein Fall ist, gibt es eine Reihe von Tricks, dem Wasser mehr Pep zu verleihen, indem du es mit Kräutern oder Fruchtstückchen aromatisierst (Seite 16).

Limonaden oder Softdrinks sind dagegen komplett ungeeignet. Neben einer heftigen Dosis an Zucker enthalten die meisten auch noch viel zu viele chemische Zusätze wie künstliche Aromastoffe, Süßstoffe oder Konservierungsmittel: absolut nicht clean!

Auch Fruchtsäfte oder stark safthaltige Schorlen sind keine Heilsbringer, sie enthalten ebenfalls viel Zucker. All das, was einen ganzen Apfel oder eine Orange ausmacht, ist im Apfel- oder Orangensaft mehr oder weniger auf Fruchtzucker reduziert. Zum Vergleich: Ein 200-ml-Glas handelsübliche Cola enthält etwa 21 g Zucker. Die gleiche Menge Apfelsaft kommt auf 22 g Zucker, ein Glas Orangensaft hat mit 17 g auch immer noch viel Zucker. Saft löscht den Durst nicht nachhaltig, der hohe Zuckergehalt kurbelt dazu noch den Hunger an.

Saftschorlen sind schon ein wenig besser: Je mehr Wasser und je weniger Saftgehalt die Schorle aufweist, desto besser wird sie. Wenn du nicht sofort auf Wasser umsteigen möchtest oder kannst, dann »verlängere« auf jeden Fall deine Saftschorle. Vom Saft-Wasser-Verhältnis 1 : 1 kannst du dich so auf ein Verhältnis von 1 : 5 oder mehr steigern. Wie sagt meine Freundin immer: »Die Schorle sollte nur am Saft vorbei gelaufen sein.«

Neben purem oder eben aromatisiertem Wasser ist ungesüßter Kräutertee eine ideale Alternative, die sowohl kalt als auch warm schmeckt. Achte darauf, immer mal die Sorte zu wechseln. Kräuter haben Heilwirkungen, die bei ständiger Einnahme zu einer Gewöhnung führen. Darüber hinaus sind einige sekundäre Pflanzenstoffe, die Pyrrolizidinalkaloide, in zu hoher Dosis leberschädigend. Wenn du häufiger die Sorte und die Marke wechselst, verringerst du diese Gefahr.

Kann ich auch zu viel trinken?

Theoretisch geht das, aber für die meisten Menschen besteht kaum Gefahr, denn man müsste mindestens sieben bis acht Liter in kurzer Zeit trinken. Durch große Flüssigkeitsmengen in sehr kurzer Zeit würde ein Abfall im Natriumgehalt des Blutes entstehen, was paradoxerweise zu einem erneuten Durstgefühl führt. Man trinkt mehr – und überwässert

damit seinen Körper. Gleichzeitig werden durch die Ausscheidung wichtige Mineralien ausgespült.

Und was ist mit Kaffee? Glücklicherweise hat die Forschung in den letzten Jahren das Böse-Buben-Image von unserem Lieblingsgetränk genommen. Kaffee-Liebhaber wird es freuen zu hören, dass die alte Weisheit, jede Tasse Kaffee müsse von der benötigten Flüssigkeitsmenge abgezogen werden, nicht stimmt. Auch wenn Kaffee harntreibend wirkt, kann er, schwarz und ohne Zucker getrunken, sogar wie ein Detox, also wie eine Entgiftungskur, fungieren. Denn die im Kaffee enthaltenen Polyphenole, also sekundäre Pflanzenstoffe, starten ein zellreinigendes und entgiftendes Programm, wie Forscher der Universität Graz herausfanden. Milch und Zucker allerdings mindern diesen Effekt. Wie bei allen guten Dingen gilt auch beim Kaffee: nicht übertreiben. Bis zu vier Tassen am Tag sind in Ordnung.

Schwarzer und grüner Tee enthalten ebenfalls Koffein, jedoch in geringerem Maße, lediglich Matcha enthält viel Koffein, das allerdings viel langsamer ins Blut übergeht. Darüber hinaus enthält vor allem grüner Tee wertvolle Antioxidanzien und wirkt unter anderem entzündungshemmend, immunstärkend und verdauungsfördernd. Grüner Tee ist oftmals auch besser verträglich als Kaffee.

Alkohol: leider ziemlich un-clean

Alkohol ist kein guter Durstlöscher. Ich möchte dir auf keinen Fall dein Bier oder dein Glas Wein verbieten, und auch ein gut gemixter Cocktail dann und wann bringt sicher mehr Genuss als ein nur aus Prinzipientreue getrunkenes Wasser. Aber auch jenseits der Suchtthematik ist Alkohol vor allem ein Zellgift, das beim Abbau in der Leber in zellmembranschädigende Stoffe umgewandelt wird und im zweiten Schritt zu einer Anhäufung von Fettsäuren in der Leber führt. Und ganz pragmatisch gesehen enthält Alkohol jede Menge Kalorien. Da der Körper zunächst das Zellgift Alkohol abbaut, verlangsamt sich der Stoffwechsel und mehr Fett wird eingelagert als verbraucht. Dazu regt Alkohol den Appetit an. Regelmäßiger oder gar übermäßiger Alkoholkonsum macht dick – und doof.

Aromatisiertes Wasser

Pures Wasser ist nicht so ganz dein Ding? Dann probiere es doch einmal mit aromatisiertem Wasser. Die Aromen der Früchte oder Kräuter gehen in das Wasser über und geben ihm einen feinen Geschmack. Das funktioniert mit stillem Wasser genauso gut wie mit Sprudelwasser:

Fülle eine Wasserkaraffe mit kaltem Wasser, gib Obst, Gemüse oder Gewürze dazu und lass es 30 Minuten ziehen. Für einen Liter Wasser brauchst du:

- 3–4 Scheiben Gurke und zwei Basilikumstängel oder
- 2 Scheiben Zitrone und 3 Scheibchen Ingwer oder
- 2–3 Scheiben deines Lieblingsobstes (Apfel, Birne, Mango, Orange).

Pfirsich-Eistee
Auch kalter Tee ist eine schöne Abwechslung in der Karaffe. Anders als gekaufter Eistee enthält er aber keinen zugesetzten Zucker und kommt ohne künstliche Aromen aus:

½ reifen Pfirsich in Scheiben schneiden und mit etwa 250 ml Roiboos- oder mildem Grüntee auffüllen. Abkühlen lassen und dann in eine Karaffe oder Flasche umfüllen. Mit (Sprudel-)Wasser auffüllen.

Das sorgt für eine lang anhaltende Sättigung und liefert dem Körper das, was er braucht. Darüber hinaus schmeckt eine ausgewogene Mahlzeit auch viel besser, da durch unterschiedliche Texturen, Farben, Geschmäcker und Gerüche so ziemlich alle sensorischen Nerven angesprochen werden. Clean Eating macht also rundum glücklich!

Die Clean-Eating-Ampel: Wie clean sind die Lebensmittel?

Vollwertige, cleane Ernährung – das klingt zunächst mal ganz simpel. Aber was sind cleane Lebensmittel, und welche zählen nicht dazu? Das Schöne: Die Auswahl an gesunden, natürlichen Lebensmitteln ist schier unerschöpflich. Das Dumme: Die Auswahl an industriell gefertigter Nahrung ebenso. Doch mit ein bisschen Übung wirst du schnell zwischen gut und weniger gut oder gar schlecht unterscheiden können.

Zur Vereinfachung habe ich dabei eine Art Ampel im Kopf. Alles, was in irgendeiner Art »grün« ist, also Obst, Gemüse und sonstige naturbelassene pflanzliche Nahrung, ist auch auf der Ampel grün. »Green and clean« sozusagen. Gelb ist alles, was zwar mit ein paar Einschränkungen clean ist, aber trotzdem seltener auf dem Speiseplan stehen sollte. Rot steht

erwartungsgemäß für all die Lebensmittel, die definitiv nicht clean sind und, von Ausnahmesituationen abgesehen, gemieden werden sollten. Natürlich gibt es auch Lebensmittel, die quasi zwischen den Kategorien stehen, wie zum Beispiel tierische Produkte wie Milch und Fleisch (Seite 19).

Grün = clean
- Gemüse und Obst aus möglichst biologischem und saisonalem Anbau
- Vollkornprodukte (z. B. aus Getreide, Reis oder Gräsern wie Quinoa oder Amaranth)
- Hülsenfrüchte (z. B. Bohnen, Erbsen, Linsen)
- Nüsse, Kerne und Saaten
- native Öle (z. B. Olivenöl, Kokosöl, Leinöl, Avocadoöl)
- pflanzliche Drinks, wie z. B. Nuss- oder Getreidemilch

Gelb = weniger clean
- Milch (Seite 18) sowie Milchprodukte aus biologischer Erzeugung
- Eier, Fleisch (Seite 19) und Fisch aus ökologischer, nachhaltiger Haltung
- Schokolade und zuckerarme Süßigkeiten aus Vollkorngetreide oder mit hohem Kakaoanteil

Rot = nicht clean
- industriell hergestellte Lebensmittel und Fertiggerichte
- Junkfood und Fast Food

- Lebensmittel, die Zusatzstoffe wie chemische Konservierungsmittel, künstliche Aromastoffe oder Farbstoffe enthalten
- Getreideprodukte, die nicht aus Vollkorn hergestellt wurden (bspw. Instant-Couscous)
- Auszugsmehle wie z. B. die Typen 405, 630 oder 1050
- Zucker
- stark gesalzene Lebensmittel
- Softdrinks und zuckerhaltige Getränke
- zuckerhaltige Naschereien
- (stark) raffinierte Öle, Margarine, Transfette
- alkoholische Getränke

Milch und Milchprodukte

Anders als beim Fußball gibt es beim Clean-Eating-Konzept kein festes Regelwerk. Deswegen sind einige Lebensmittelgruppen nicht zwingend einer Kategorie zuzuordnen. Dazu gehören vor allem Lebensmittel tierischen Ursprungs.

Milch ist streng genommen nur dann clean, wenn es sich um Rohmilch handelt, die aber im regulären Handel nicht zu finden ist. Gut sortierte Märkte führen Vorzugsmilch, also filtrierte, aber unerhitzte und nicht pasteurisierte Milch, die besondere Ansprüche an Hygiene und Kühlung stellt. Einfacher zu handhaben und vor allem auch zu kaufen ist Vollmilch aus Bio-Landwirtschaft. Fettarme Milch ist noch einmal eine Stufe »denaturierter« und sollte eher nicht verzehrt werden.

Milchprodukte wie Joghurt, Quark oder Käse sind nach strenger Auslegung nicht clean, da sie verarbeitet wurden. Ich persönlich esse gern, aber nicht so häufig, Käse. Kuhmilch verwende ich eher selten, für mein Müsli nehme ich Mandel- oder Kokosmilch. Lediglich für einen Cappuccino hin und wieder muss es bei mir reguläre Milch sein, aber aus rein geschmacklichen Gründen.

Pflanzenmilch bzw. -drinks (der Begriff »Milch« ist per Definition ausschließlich für tierische Milch zulässig) sind eine gute Alternative, wenn man keine tierischen Produkte verträgt oder verzehren möchte. Auch hier solltest du immer das Label checken, viele Produkte sind mit Zucker oder Konservierungsstoffen versetzt. Gerade Nussmilch (Seite 83) kann man aber sehr einfach und schnell selbst herstellen.

Fisch, Fleisch und Eier

Fleisch und Fisch aus artgerechter, ökologischer Tierhaltung oder nachhaltigem Fang sind zwar grundsätzlich clean, sollten aber trotzdem seltener auf dem Speiseplan stehen. Sie enthalten ohne Frage viele wertvolle Nährstoffe wie Protein und Eisen, doch aus ökologischen und vor

Wie groß ist eine Portion?

Grammgenaue Angaben sind nicht immer praktisch – und wer hat schon immer eine Waage dabei? Einfacher wird es, wenn du deine Hand als Maß nimmst:

- Obst, wie Äpfel und Birnen, aber auch Gemüse wie Kohlrabi passen in eine Hand – ein Apfel ist also eine Portion.
- Eine Portion zerschnittenes oder kleinteiliges Obst wie Trauben, Kirschen oder Beeren passt in zwei Hände.
- Salat und geschnittenes Gemüse dürfen auch gern zwei zur Schale geformte Hände füllen.
- Beilagen wie Pasta sollten nicht mehr Platz einnehmen als deine Faust groß ist.
- Eine Fisch- oder Fleischportion ist so groß wie dein Handteller.
- Knabbereien oder Süßes hat, wenn überhaupt, nur auf dem Handteller Platz.

allem auch aus ethischen Gesichtspunkten sind sie für mich mittlerweile Lebensmittel, die einen besonderen »Genussmittel-Status« haben. Schlechte Haltungsbedingungen, fragliche Tiergesundheit und der überhöhte Gebrauch von Antibiotika in der Massentierhaltung spielen ebenso eine Rolle wie die unverhältnismäßig hohen klimaschädlichen Emissionen und der exorbitante Wasserverbrauch. Kurzum: Fisch und Fleisch sind Delikatessen und zu wertvoll, um als Fast Food oder Massenware zu enden.

Eier sind ebenfalls eine großartige Quelle für Protein und wären eigentlich ein perfektes Lebensmittel. Leider sind sie auch ein großer Quell für miserable Tierhaltung. Daher achte bitte besonders sorgfältig auf die Herkunft der Eier. Idealerweise hält der Hühnerbauer seine Tiere nicht nur auf ökologische Weise (wobei die Eier auf dem Stempelaufdruck mit »0« gekennzeichnet sind), sondern nimmt auch an einem Programm teil, bei dem die männlichen Küken nicht nach dem Schlüpfen getötet werden.

Bio, regional & saisonal

Wenn man sich mit gesunder Ernährung befasst, kommt man um die Schlagworte »bio«, »saisonal« und »regional« nicht herum. Ein solcherart hergestelltes Produkt ist natürlich ideal und gar nicht so schwer zu bekommen: Spargel im Mai, Äpfel im Spätsommer und Herbst, alles vom Bio-Bauern in der Region.

Oft aber ist das aber gar nicht so leicht zu überschauen, da die Supermärkte rund ums Jahr mit so ziemlich allen Lebensmitteln bestückt sind. Als erster Anhaltspunkt leistet ein Saisonkalender für Obst und Gemüse gute Dienste. Diesen kannst du dir schnell und einfach zum Ausdrucken aus dem Internet herunterladen, als App auf dein Smartphone installieren oder als dekoratives Poster in die Küche hängen. Innerhalb der Saison schmeckt das entsprechende Obst oder Gemüse vollreif nicht nur viel besser, sondern ist auch meist wesentlich günstiger. Anders als das Kennzeichen »bio« gibt es für die Regionalität von Lebensmitteln keine verbindliche Definition. »Regional« kann danach quasi alles sein – vom Bauern nebenan bis zur »Region Europa«.

Exotische Früchte wie Bananen, Kokosnüsse oder Avocados haben ihren Stammplatz auf unserem Speisezettel fest erobert. Das ist auch gut so, denn sie schmecken nicht nur großartig, sondern sind auch randvoll mit guten Nährstoffen. Viele dieser Früchte haben das ganze Jahr über Saison.

Mein persönlicher Leitfaden: Hat ein Lebensmittel gerade Erntezeit und ist idealerweise aus meiner Gegend zu haben, dann immer hinein damit in den Einkaufskorb. Ist draußen tiefster Winter und die Spargelstangen wurden aus Peru eingeflogen, dann greife ich lieber zu Alternativen. Saisonaler Anbau macht einfach Sinn und ist für mich in der Regel das oberste Kriterium beim Einkauf von Obst und Gemüse. Ausnahmen bestätigen die Regel. Wie immer.

Clean Eating im Alltag: So gelingt der Einstieg

Der Vorsatz ist gefasst, du möchtest ab sofort clean leben, dich natürlich und gesund ernähren. Sehr gut! Clean Eating beginnt zunächst im Kopf und erst dann im Vorratsschrank beziehungsweise auf dem Teller. Damit der Enthusiasmus nicht schneller verdampft als das Wasser in deinem neuen Dampfgarer, findest du nachfolgend einige Hilfestellungen für den gelungenen Start und die Integration des Konzepts in deinen Alltag.

Ausmisten – im Kopf und im Küchenschrank

Überlege dir zunächst einmal, wann und wie du bislang gegessen hast und in welchen Situationen du auf welche Lebensmittel zurückgreifst. Meist lässt sich schnell ein Muster erkennen, immerhin sind wir Gewohnheitstiere. Mein Muster war beispielsweise das Essen bei Langeweile oder die Handvoll Schokoladenkekse, die jede Tasse Kaffee begleitete. Außerdem konnte ich keine drei Minuten ruhig auf der Couch sitzen, ohne dass sich das »Fernseh-Hüngerchen« bemerkbar machte.

Grundsätzlich gibt es zwei Möglichkeiten, das Leben cleaner werden zu lassen: Die Alles-oder-nichts-Methode oder die des langsamen Umgewöhnens. Entscheide für dich, welcher Typ du bist. Fällt es dir leichter, deine Ernährung sofort umzustellen oder bietet dir die langsame Eingewöhnung eine bessere Wahrscheinlichkeit, am Ball zu bleiben?

Als ich vor einigen Jahren beschloss, künftig zuckerfrei zu leben, war es für mich einfacher, meinen Zuckerkonsum langsam zurückzufahren, etwa über zwei Wochen. Die schnelle Umstellung hätte zwar sicherlich funktioniert, aber der Jo-Jo-Effekt wäre bei mir nach einer Woche, spätestens nach zwei eingetreten. Wenn es aber für dich leichter ist, sofort komplett zu starten, dann nur zu!

Dann geht es ans Ausmisten. Nimm kritisch deine Lebensmittelvorräte unter die Lupe: Sind es frische Zutaten, wie Obst und Gemüse, oder Grundnahrungsmittel, die ins Clean-Eating-Konzept passen, wie Vollkornreis, Nüsse oder Saaten? Dann dürfen sie bleiben. Weißmehl und

Zucker sowie Fertigsaucen oder Fertiggerichte, aber auch Fruchtjoghurts, gezuckerte Frühstücksflocken oder gesüßte Früchte- bzw. Schokomüslis müssen gehen, ebenso wie alle Lebensmittel, denen Konservierungsmittel, Geschmacksverstärker oder sonstige chemische Zusätze beigemischt sind.

Wochenplan erstellen

Ein Wochenplan ist eine Übersicht über alle Haupt- und Zwischenmahlzeiten der nächsten Tage und erspart dir die ziellose »Jagd« nach Nahrung. Anstatt abends müde und ratlos vor dem Kühlschrank zu stehen und dann uninspiriert eine Tütensuppe aufzureißen, weißt du so schon, was du kochen kannst. Schreibe auf, was du in den nächsten Tagen essen möchtest und um wie viele Mahlzeiten du dich selbst kümmern musst. Dieser Plan muss nicht in Stein gemeißelt sein und du kannst natürlich die Gerichte austauschen, aber er bietet dir in jedem Fall eine Orientierung. Außerdem hast du so deine Snacks für das Büro oder für die Zeit unterwegs besser im Griff und beugst deiner Lust auf Schokolade schon einmal vor.

Clean einkaufen

Der erste cleane Einkauf kann durchaus länger dauern, als du es sonst von einem schnellen Feierabendeinkauf gewohnt bist. Nimm dir also etwas mehr Zeit dafür und gehe auf jeden Fall gut vorbereitet los. Grundsätzlich finde ich es ratsam, zwei alte Weisheiten des Lebensmitteleinkaufs zu beachten: Nie ohne Einkaufszettel losgehen – und niemals hungrig einkaufen. Auch nach vielen Jahren mit größtenteils vollwertiger, cleaner Ernährung tappe ich immer noch gern in die Impulskauf-Falle, wenn ich eigentlich nur schnell Tomaten und Gurken holen will und mir der Magen knurrt. Dann kaufe ich oft mehr als ich benötige, und im Zweifelsfall sind das auch nicht die cleansten Lebensmittel. Bananen sind auf jeden Fall seltener ein Spontankauf als Schokolade.

Sieh dir die Sachen, die in deinen Einkaufswagen wandern, genau an und lies unbedingt die Zutatenliste. Lege fertige Gerichte oder Convenience-Produkte konsequent zurück ins Regal. Die meisten Produkte kannst du ohnehin ohne viel Aufwand selbst herstellen. Auch die meisten »Fix-Produkte« sind nichts anderes als überteuerte Gewürzmischungen. Wenn du sowieso noch frische Zutaten zufügen musst, warum dann nicht gleich komplett selbst machen?

Ein weiterer Slogan für cleanes Einkaufen kommt, wie so oft, aus dem Angloamerikanischen: »Shop the perimeter«, was sich etwas sperrig in »kaufe in den Randbereichen ein« übersetzen lässt. In den Bereichen entlang der Supermarkt-Wände befinden sich die frischen Produkte: Milchprodukte, Fleisch und Fisch und vor allem Obst und Gemüse. Keine Frage, auch in diesen Außenbereichen finden sich genügend ungesunde Lebensmittel wie süße Joghurts und Desserts oder fragwürdige Wurstwaren, aber eben auch die cleanen, frischen Lebensmittel, die den Hauptbestandteil deines Einkaufs ausmachen sollten.

Ohne Frage macht das entspannte Einkaufen auf dem Wochenmarkt viel mehr Spaß als der hektische Sprint durch den Supermarkt zehn Minuten vor Ladenschluss. Man bekommt mehr Inspiration, lernt neue Produkte kennen und kommt ins Gespräch mit den Verkäufern und mit anderen Kunden. Aber nicht immer ist das Einkaufen dort möglich, bei einem durchschnittlichen Arbeitspensum bleibt die Zeit dafür oft auf der Strecke. Doch auch im Supermarkt finden sich fast alle cleanen Lebensmittel, und auch dort gibt es kompetente und hilfreiche Angestellte, die dir deine Fragen beantworten können. Mir sind mindestens genauso viele nichtsahnende Marktverkäufer begegnet, die ihre (konventionell hergestellte) Ware über Zwischenhändler beziehen, wie kompetente und hilfreiche Supermarkt-Angestellte.

Nutze also für deinen Lebensmitteleinkauf die Ressourcen, die dir zur Verfügung stehen, aber schaue doch auch mal genauer nach: Gibt es einen Bioladen in deiner Umgebung oder einen Wochenmarkt, der vielleicht dann geöffnet hat, wenn du Mittagspause hast? Oder gibt es einen Lieferservice, der dir eine Biokiste nach Hause oder ins Büro bringt? Gerade Letzteres ist wirklich bequem.

Frische Produkte lagern

Damit du mehr von deinen frisch gekauften Produkten hast, solltest du sie sachgerecht lagern. Einige Obst- und Gemüsesorten mögen keine Kälte: Bananen, Melonen und Zitrusfrüchte, Tomaten, Auberginen, Kartoffeln oder Gurken sollten bei Zimmertemperatur aufbewahrt werden. Dagegen sind Äpfel, Birnen oder Weintrauben genau wie Salate, Möhren oder Kohlsorten recht unempfindlich gegen Kälte und können im Kühlschrank gelagert werden. Milchprodukte, Fleisch und Fisch gehören natürlich in den Kühlschrank, genau wie zubereitete Speisen oder angebrochene Lebensmittel.

Der Tiefkühlschrank – mein bester Freund

Tiefgekühltes Gemüse oder Obst wird in der Regel direkt nach der Ernte verarbeitet und enthält so oft mehr Vitamine und Nährstoffe als frisches Gemüse, das nicht selten eine sehr lange Lieferkette hinter sich hat, bis du es im Supermarkt in deinen Einkaufswagen legst.

Du kannst im Prinzip fast alles einfrieren oder tiefgekühlt aufbewahren:

- Unverarbeitetes, klein geschnittenes Gemüse, das maximal vor dem Einfrieren blanchiert, also kurz in kochendes Wasser getaucht wird. Bei gekauften Tiefkühlprodukten sollten außer dem entsprechenden Gemüse keine Zusatzstoffe enthalten sein.
- Beeren und stückig geschnittenes Obst. Auch hier sollte bei gekauften Produkten nichts zugesetzt sein.
- Brot und Brötchen, kleines Gebäck, aber auch ganze Kuchen und Torten.
- Fisch und Fleisch, am besten portioniert.
- Gekochte, portionierte Gerichte (sind besonders praktisch als Büro-Lunch).

Nicht geeignet sind Blattsalate, rohe Kartoffeln oder Gemüsesorten, die sehr viel Wasser enthalten, wie Gurke, Radieschen oder ganze Tomaten. Milch und Joghurt sind ebenfalls nicht zum Einfrieren geeignet. Rohe Eier nie in der Schale einfrieren, da diese platzen würde. Sie können aber in einer Gefrierdose aufgeschlagen und dann eingefroren werden.

Einfrieren ist eine tolle Möglichkeit der cleanen Vorratshaltung, wenn du folgende simple »Regeln« beachtest:

- Nur einwandfreie, frische Ware einfrieren.
- Geeignete Verpackungsgrößen wählen. In zu großen Verpackungen entsteht schnell Gefrierbrand, durch den Lebensmittel austrocknen und hart werden. Möglichst viel Luft aus den Gefrierbeuteln herausstreichen.
- Beschriftung: Notiere auf jeder Verpackung mit wasserfestem Stift was, wie viel und wann du eingefroren hast.
- Schnell einfrieren: Je kleinere Eiskristalle sich durch tiefe Temperaturen bilden, desto besser ist dies für die Qualität der Tiefkühlware.
- Bei gekauften Tiefkühl-Lebensmitteln gilt: Kühlkette nicht zu lange unterbrechen. Lege sie daher zuletzt in den Einkaufskorb, transportiere sie in geeigneten Taschen und packe sie zu Hause zügig in den Tiefkühlschrank.
- Das Auftauen sollte möglichst langsam im Kühlschrank vonstattengehen.

Partys und Ausgehen

Einladungen und Restaurantbesuche gehören zum sozialen Leben dazu. Nur weil du dich clean ernährst und deine Freunde es nicht (oder noch nicht?) tun, ist das kein Grund, dich in deinen eigenen vier cleanen Wänden zu vergraben! Solange du nicht jeden Tag unterwegs bist und somit Kuchen oder reichhaltiges Essen Ausnahmen bleiben: Genieße sie und lebe dann deinen cleanen Alltag ganz normal weiter.

Wenn du zu Gast bist, halte dich am besten an diese drei simplen Spielregeln:

- nicht ausgehungert zur Party gehen (iss gegebenenfalls zu Hause noch einen kleinen Snack)
- viel Wasser trinken
- zurückhaltend sein beim Alkohol. Nichts gegen ein oder zwei Gläser Wein oder Sekt, aber trotz seiner vielen Kalorien macht Alkohol nur noch hungriger, und zwar leider auf die fettigen, salzigen, ganz und gar uncleanen Dinge.

Grundsätzliches zu den Rezepten

Bei der Erstellung der Rezepte in diesem Buch hatte ich immer jemanden vor Augen, der zwar gern kocht und genießt, aber eben auch einen gut gefüllten Alltag hat und am Abend nicht auch noch stundenlang in der Küche stehen möchte. Daher gibt es eine Vielzahl an schnellen Gerichten, die in höchstens 30 Minuten zubereitet sind, sowie viele Rezepte für Mahlzeiten, die sich gut vorbereiten und mitnehmen lassen. Einige Hauptgerichte brauchen da-

gegen etwas mehr Zeit und sind für Tage gedacht, an denen man Spaß am ausgiebigen Gemüseschneiden und Rühren hat.

Unsere Clean-Eating-Richtlinien schlagen fünf bis sechs kleinere Mahlzeiten am Tag vor, um gleichmäßig satt zu bleiben. Daher sind die Portionen überschaubar groß. Wenn du bisher »handelsübliche«, aber oft viel zu üppige Portionsgrößen gewohnt bist, mag es am Anfang wenig erscheinen. Dann iss mehr, du sollst nicht hungrig sein. Aber achte auf deinen Körper. Wenn der dir das »Satt-Signal« sendet, dann lege Messer und Gabel beiseite.

Bei meinen herzhaften Gerichten verzichte ich auf übermäßig viel Salz, lieber bringe ich Geschmack durch Gewürze oder Kräuter hinein oder lasse den Eigengeschmack der Zutaten wirken. Ich möchte, dass dir die Gerichte schmecken – also salze am Anfang ruhig ein wenig nach, wenn es dir zu wenig ist. Aber versuche, den Salzkonsum nach und nach zu reduzieren.

Ähnlich verhält es sich mit den süßen Rezepten in diesem Buch. Die Menge an zugesetzter Süße ist minimal gehalten. Wenn du bisher gerne sehr süßes Backwerk oder Naschereien gegessen hast, mag es dir am Anfang zu wenig süß sein. Gib deinen Geschmacksnerven die Chance,

sich an ein cleanes Leben zu gewöhnen. Zucker ist dabei keine gute Idee.

Welche Küchenausstattung brauchst du?

Zum gesunden Kochen brauchst du nicht viel. Meine wichtigsten Küchenutensilien sind neben Töpfen und einer guten Pfanne:

- ein großes scharfes Kochmesser,
- ein Dampfgareinsatz,
- ein Pürierstab und
- ein Standmixer bzw. Blender.

Blender und Pürierstab nutze ich mehrfach täglich für Suppen, Smoothies oder zur Herstellung von Nussmilch, sodass sich die Anschaffung von Geräten mit einem starken Motor gelohnt hat.

Der Dampfgareinsatz hielt Einzug, als mein Sohn auf feste Nahrung umstieg, aber sehr schnell nutzten wir ihn ebenso für unser »Erwachsenen-Essen«. Es wird schneller gar und schmeckt viel aromatischer. Es gibt komplette Dampfgargeräte, aber im Prinzip reicht ein Siebeinsatz, der in den Topf gestellt wird, absolut aus.

Mein heißgeliebtes Santoku-Messer wird regelmäßig geschliffen, so bleibt es scharf und schnittsicher. Außerdem wird es nur per Hand gereinigt. Ein tolles Messer ist übrigens auch etwas, was du dir wunderbar zum Geburtstag wünschen kannst!

Cleane Rezepte

Vom Frühstück über kleine Snacks für die Pause bis zum schnellen Hauptgericht findest du hier alles, was du brauchst, um einen Arbeitstag clean zu überstehen. Und am Wochenende darf's vielleicht ein leckerer Kuchen sein?

FRÜHSTÜCK

Die erste Mahlzeit des Tages füllt die Energiespeicher auf und schmeckt so gut, dass es ab sofort keine Ausrede mehr gibt, nicht zu frühstücken! Für jeden Geschmack ist etwas dabei – egal, ob du lieber süß oder herzhaft frühstückst, ob du ein Müsli-Fan bist oder lieber einen schnellen Smoothie mit auf den Weg nimmst.

◂ Erdbeerjoghurt mit Kokos-Granola (Rezept Seite 29)

Schokoladen-Granola

» Als Kind habe ich meine Cornflakes (die in der Regel pappesüß waren) gern so lange einweichen lassen, bis die Milch das Aroma aufgenommen hatte. Bei diesem schokoladigen Granola mache ich das manchmal auch, esse erst die Flocken und löffle dann die Schokoladenmilch. Zum Glück steht heute niemand mehr mahnend in der Tür und sagt: Los, du musst zur Schule!

ergibt ca. 200 g • gelingt leicht
15 Min. + 30 Min. Backzeit

50 g Haselnüsse • 100 g Haferflocken oder Flockenmischung • 25 g gepuffter Amaranth oder Chiasamen, oder gemischt • 75 ml (Pflanzen-)Milch • ¼ TL Vanille, gemahlen • 1½ EL Kakaopulver, ungesüßt • 1 EL Kokosöl • Süße nach Geschmack, z. B. 1 EL Ahornsirup

● Den Backofen auf 170 °C (Umluft 150 °C) vorheizen.

● Haselnüsse grob hacken und mit Flocken und gepufftem Getreide mischen.

● Milch mit Vanille und Kakaopulver erhitzen, so lange rühren, bis keine Kakaoklumpen mehr zu sehen sind. Kokosöl und ggf. Süßmittel unterrühren. Milchmischung über die Flocken gießen und alles miteinander verrühren, bis die Flocken gut mit der Kakaomilch überzogen sind.

● Auf einem Backblech verteilen und 30 Min. backen, dabei alle 10 Min. umrühren. Nach dem Herausnehmen komplett auskühlen lassen, dann in ein gut verschließbares Glas füllen.

Chai-Granola

» Warme Gewürze wie Zimt und Ingwer machen dieses Granola zu einem perfekt knusprigen Start in einen kalten Wintertag. Da wird sogar das Aufstehen aus dem warmen Bett etwas leichter. Am besten schmeckt es mit warmer Milch und ein paar Scheibchen Birne. Übrigens: Wenn es mal ganz schnell gehen muss, kann die Milch auch mit 2 TL Lebkuchengewürz aufgekocht werden.

ergibt ca. 200 g • gelingt leicht
15 Min. + 30 Min. Backzeit

75 ml (Pflanzen-)Milch • 2 Beutel Gewürz-Chai (Kräutertee) • ½ TL Ingwer, gemahlen • ½ TL Zimt, gemahlen • ¼ TL Kardamom, gemahlen • 1 Msp. Vanille, gemahlen • 1 EL Kokosöl • 1 EL Ahornsirup (optional) • 50 g gemischte Nüsse und Mandeln • 125 g Haferflocken bzw. Flockenmischung

● Backofen auf 170 °C (Umluft 150 °C) vorheizen.

● Milch erhitzen, Teebeutel und Gewürze hineingeben und 10 Min. ziehen lassen. Teebeutel gut ausdrücken und entfernen. Dann Kokosöl und nach Belieben Ahornsirup unterrühren, bis das Kokosöl geschmolzen ist.

● Während der Tee zieht, Nüsse und Mandeln grob hacken und mit den Haferflocken mischen. Die Gewürzmilch darübergießen, gut vermengen und auf einem Backblech verteilen.

● 30 Min. backen, dabei alle 10 Min. umrühren, damit alles gleichmäßig knusprig wird. Komplett auskühlen lassen und in ein gut verschließbares Glas füllen.

Kokos-Granola

» Vor einiger Zeit habe ich ein Glas dieses Granolas verschenkt, ohne große Erklärung dazu. Meine Freundin erzählte mir beim nächsten Treffen, dass sie »diese Knusperflocken« genüsslich abends vor dem Fernseher geknabbert hätte und war ganz erstaunt, dass es doch eigentlich ein Frühstück sei! Es ist aber nicht nur ein toller Frühstarter, sondern auch ein perfekter Snack: dafür 1 – 2 EL Granola auf eine kleine Portion Joghurt streuen.

ergibt ca. 200 g • gelingt leicht
⊘ 10 Min. + 30 Min. Backzeit

1 EL Kokosöl • 1 EL Ahornsirup (optional) • 30 g ganze Mandeln • 100 g Kokoschips (keine Kokosraspeln!) • 25 g Kürbiskerne • 2 EL Chiasamen

● Den Backofen auf 120 °C (Umluft 100 °C) vorheizen.

● Kokosöl schmelzen und, wenn gewünscht, mit Ahornsirup glatt rühren. Mandeln grob hacken, mit Kokoschips, Kürbiskernen und Chiasamen unter das Kokosöl mischen.

● Masse auf einem Backblech verteilen und 20 – 30 Min., je nach gewünschtem Bräunungsgrad backen; je länger es backt, desto knuspriger wird es. Nach der Hälfte der Zeit einmal durchrühren.

● Aus dem Ofen nehmen und komplett auskühlen lassen, denn erst wenn das Granola kalt ist, wird es richtig kross. Nach dem Abkühlen in ein Glas füllen und gut verschließen.

Erdbeerjoghurt mit Kokos-Granola

» Genauso sollte Erdbeerjoghurt aussehen und schmecken: nicht zu süß, viele frische Erdbeeren statt künstlicher Aromen und schön rosa. Wenn du ihn dann noch mit knusprigem Kokos-Granola bestreust, schmeckt er einfach himmlisch. Ein Tag, der so startet, muss einfach gut werden.

für 2 Portionen • geht schnell (Abbildung Seite 26)
⊘ 10 Min.

300 g Naturjoghurt • 2 TL Honig (optional) • 200 g Erdbeeren • 4 EL Kokos-Granola oder ein anderes Müsli

● Joghurt nach Belieben mit Honig verrühren.

● Erdbeeren waschen und klein schneiden, 100 g Erdbeeren mit 150 g Joghurt pürieren.

● In zwei Gläser oder Schalen zunächst den puren Joghurt geben, dann mit Erdbeerjoghurt bedecken. Mit den restlichen Erdbeeren und Kokos-Granola bestreuen.

Overnight Oats mit Himbeerpüree

›› Overnight Oats sind DAS Frühstück für alle Langschläfer, Nachteulen und Morgens-keine-Zeit-Haber. Nach ein paar Minuten Vorbereitung wandert alles über Nacht in den Kühlschrank und macht morgens jede faule Ausrede zum Nichtfrühstücken zunichte. Dabei müssen es nicht mal so aufwendige Overnight Oats wie diese hier sein, Haferflocken und ein paar Nüsse oder Kerne sind auch lecker.

für 2 Portionen • gut vorzubereiten
⊘ 10 Min. + Einweichzeit über Nacht

2 EL Chiasamen • 80 g Hafer- oder Dinkelflocken • 250 ml (Pflanzen-)Milch • 100 g Himbeeren (frisch oder aufgetaut) • 15 g ganze Mandeln • 4 EL Amaranth, gepufft • 1 Banane

● Chiasamen mit Haferflocken mischen und mit 175 ml Milch übergießen. Über Nacht ziehen lassen.

● Himbeeren waschen und pürieren, im Kühlschrank aufbewahren. Mandeln hacken.

● Morgens Banane in Scheiben schneiden. Eingeweichte Chiasamen und Flocken auf zwei Schüsseln verteilen, mit Amaranth, Mandeln und Banane bestreuen.

● Restliche Milch erwärmen und über das Müsli gießen. Mit Himbeerpüree garnieren.

Cappuccino Oats

›› Kaffee im Müsli? Das klingt zunächst abenteuerlich. Andererseits trinke ich den Kaffee, während ich mein Müsli esse, und finde daran nichts Ungewöhnliches. Also wagte ich mich auf geschmackliches Neuland und fand das Ergebnis so gut, dass ich es seither mindestens einmal pro Woche mache. Die Flocken werden durch die warme Milch und den Espresso weich und cremig, fast wie Porridge.

für 2 Portionen • geht schnell
⊘ 5 Min.

100 ml (Pflanzen-)Milch • 2 Espressi à 50 ml • 100 g Haferflocken oder Flockenmix • 2 TL Kakaonibs • 2 TL Honig (optional)

● Milch erhitzen oder aufschäumen, dann zusammen mit dem Espresso über die Flocken gießen. Umrühren und kurz ziehen lassen.

● Auf 2 Schüsseln verteilen und mit je 1 TL Kakaonibs bestreuen. Nach Geschmack mit Honig süßen.

Variante Für Cappuccino-Oats-Smoothies die Zutaten zusammen mit ½ Banane im Blender oder mit dem Stabmixer zu einer cremigen Konsistenz mixen. Nach Geschmack mit Honig süßen und mit Kakaonibs bestreuen. Ergibt 2 kleine Smoothies.

◆ Overnight Oats

Frühstück 31

Frühstück

Apple Pie Overnight Oats

Exotischer Kokos-Porridge

» Noch ein Rezept für Tage, an denen es morgens schnell gehen muss, aber trotzdem lecker sein soll. Fünf Minuten Vorbereitung am Abend reichen, um am nächsten Morgen ein Frühstück zu genießen, das wie warmer Apfelkuchen schmeckt. Und Kuchen zum Frühstück – wer hat das nicht gern? Wenn die Äpfel am Morgen frisch gerieben werden, dauert es zwar ein paar Minuten länger, aber dadurch enthalten sie auch mehr Vitamine.

für 2 Portionen • gelingt leicht
⊘ 10 Min. + Ziehen über Nacht

80 g Haferflocken • ½ TL Zimt, gemahlen • ½ TL Vanille, gemahlen • 1 Prise Piment, gemahlen • 1 Prise Ingwer, gemahlen • 1 kleine Prise Muskatnuss, gemahlen • 150 ml Mandelmilch oder andere (Pflanzen-)Milch • 1 kleiner Apfel • 2 EL Mandeln oder Nüsse, gehackt

● Haferflocken und Gewürze mischen, dann mit Milch begießen. Apfel waschen und entkernen, grob raspeln und unter die Haferflocken rühren.

● In ein verschließbares Gefäß füllen und über Nacht im Kühlschrank ziehen lassen.

● Mandeln oder Nüsse grob hacken und ohne Fett anrösten. In eine kleine Schüssel geben.

● Am nächsten Morgen die Flocken auf dem Herd oder in der Mikrowelle erwärmen oder mit etwas heißem Wasser oder heißer Milch übergießen. Auf 2 Schalen verteilen und mit je 1 EL gehackten Mandeln oder Nüssen bestreuen.

◄ Exotischer Kokos-Porridge

» Klassischer Porridge ist ein perfektes Winterfrühstück. Gerade im Winter habe ich meist unbändiges Fern- und Sonnenweh, das ich so zumindest teilweise mit exotischem Essen stillen kann. Deshalb wird dieser Porridge mit Kokosmilch aufgekocht und mit Früchten und getoasteten Kokosflocken bestreut. Apropos getoastet: Die Haferflocken werden besonders gut, wenn sie vor dem Kochen kurz angeröstet werden.

für 2 Portionen • gut vorzubereiten
⊘ 20 Min.

2 EL Kokosflocken • 80 g Haferflocken • 200 ml Kokosmilch • 100 ml Wasser • Salz • Vanille, gemahlen • 100 g Ananas, Papaya oder andere exotische Früchte nach Wahl • 50 g Himbeeren (frisch oder aufgetaut) • 2 TL Honig (optional)

● Eine Pfanne mit Deckel aufheizen. Kokosflocken darin unter ständigem Rühren anrösten, dann herausnehmen. Haferflocken ebenfalls unter ständigem Rühren ca. 5 Min. anrösten. Hitze reduzieren.

● Kokosmilch und Wasser angießen und aufkochen lassen. Bei sehr kleiner Hitze ca. 10 Min. köcheln lassen, bis die Konsistenz dicklich ist. Nach 5 Min. je eine Prise Salz und Vanille einrühren. Wenn der Porridge zu trocken erscheint, etwas mehr Wasser oder Kokosmilch zugeben.

● Von der Herdplatte nehmen, zudecken und weitere 5 Min. stehen lassen. Früchte klein schneiden.

● Porridge auf 2 Schüsseln verteilen, mit Früchten, Beeren und gerösteten Kokosflocken bestreuen und nach Belieben mit je 1 TL Honig süßen.

Green Smoothies

Green Smoothies sind wortwörtlich in aller Munde. Jeder Foodblogger und jeder Instagram-Nutzer hat mindestens ein Smoothie-Rezept oder -Bild auf Lager. Neuerdings werden die Smoothies sogar aus der Schüssel gelöffelt und nicht mehr nur getrunken.

Die Begeisterung für Smoothies reißt nicht ab, und das zu Recht. Im Gegensatz zu Säften, so frisch diese auch gepresst sein mögen, enthalten Smoothies alle Bestandteile der gemixten Obst- und Gemüsesorten, auch die Fasern und Ballaststoffe. Außerdem kann man ihnen noch jede Menge andere Sachen »unterjubeln«, beispielsweise Gewürze, Superfoods oder grünen Tee. Da es nicht jeder schafft, seine fünf Portionen Obst und Gemüse am Tag zu essen, kann man einen Teil davon sehr gut als Smoothie trinken.

Einfach und lecker

Smoothies sind ganz leicht herzustellen: einfach alle gewünschten Zutaten grob zerschneiden, in den Blender werfen, Flüssigkeit dazugießen und dann für ein oder zwei Minuten »brrrzzztt«, bis eben alles ganz »smooth« ist. Aber »echte« grüne Smoothies brauchen ein bisschen Gewöhnung, denn nicht jeder mag sofort Gemüse im Glas. Finde es für dich selbst heraus!

Die folgenden Rezepte ergeben jeweils einen Smoothie von 200 ml. Dafür zerschneidest du die gewaschenen Zutaten und pürierst sie zusammen mit der Flüssigkeit und nach Belieben den Gewürzen und Superfoods.

Diese Anfänger-Smoothies enthalten mehr Obst als Gemüse:

Mango-Ananas – der cremig-tropische Klassiker:
½ Banane • ½ Mango • 75 g frische Ananas • 10 g Ingwer • 100 ml Kokosmilch • 1 Spritzer Limettensaft

Very Berry – schön frisch und fruchtig:
100 g Tiefkühl-Beeren • ½ Banane • 1 Handvoll Spinat • 100 ml Kokoswasser • 1 TL Kokosraspeln zum Bestreuen

Diese Smoothies für Fortgeschrittene enthalten Obst, Gemüse und Superfoods:

Grüner Muntermacher:
100 g Ananas • 2 Handvoll Spinatblätter (oder 50 g TK-Spinat) • ¼ TL Matcha zum Kochen (z. B. Fuku Matcha) • 1 TL Chiasamen • 100 ml Kokoswasser oder Wasser
Chia nimmt viel Flüssigkeit auf, daher sollte dieser Smoothie nicht zu lange aufbewahrt werden.

Red Velvet – ein echter Winterknaller:
100 g frische Rote Bete • 1 Orange • ½ Birne • ½ TL gemahlener Zimt • 1 TL Açai-Pulver • 100 ml Wasser.

Diese Profi-Smoothies enthalten viel Gemüse, Gewürze und Superfoods:

Viel Grün – Feel good Smoothie Bowl:
2 Handvoll Wildkräuter • ¼ Avocado • ½ Mango • 1 EL Hanfsamen • 1 TL Chiasamen • 75 ml Kokoswasser
Im Schälchen servieren und mit Kokosflocken bestreuen.

Raw-Raw-Rot:
100 g Rotkohl • 100 g rote Trauben • ½ TL gemahlener Zimt • ¼ TL gemahlener Ingwer • 1 EL Hanfsamen • 1 TL Açai-Pulver • 100 ml Wasser oder Kokoswasser

Rotkohl evtl. kurz andünsten, damit er weicher wird.

Eine Mahlzeit und kein Getränk

Smoothies sind sehr vielfältige, gesunde Zwischenmahlzeiten. Außerdem kannst du so gut übrig gebliebenes Obst oder Gemüse verarbeiten. Allerdings solltest du bedenken, dass es sich beim Smoothie tatsächlich um eine Mahlzeit und nicht um ein durstlöschendes Getränk handelt. Gerade Obst-Smoothies enthalten sehr viel Fruchtzucker, da in einem Glas mehrere Portionen Obst verarbeitet sind. Trinke den Smoothie möglichst langsam und mit Bedacht, damit der Sättigungseffekt eine Chance hat.

Einfach vorzubereiten

Smoothies lassen sich sehr gut vorbereiten und einfrieren (Seite 22): Schneide das Obst und Gemüse sehr klein und friere es portionsweise als Smoothie-Mischung ein. Beschriften nicht vergessen! Wenn du den Smoothie dann genießen willst, nimmst du den Mix aus dem Gefrierfach und gibst ihn mit Flüssigkeit und den gewünschten Superfoods in den Standmixer. Wichtig: Gefrorene Zutaten brauchen oft etwas mehr Flüssigkeit und etwas längere Pürierzeiten, bis sie fein gemixt sind.

Smoothies als Snack

Wie jedes Obst und Gemüse schmeckt auch ein Smoothie am besten, wenn er frisch zubereitet getrunken wird. Allerdings lassen sich Smoothies im gut vorgekühlten Thermobecher auch prima transportieren und sind ein toller Vormittagssnack im Büro oder auf Reisen. Den Thermobecher dafür am Vorabend in den Kühlschrank stellen. Gefrorene Zutaten kühlen ebenfalls ganz hervorragend. Und vor dem Trinken noch einmal gut schütteln!

Smoothie Bowls

Eine schöne Abwechslung sind Smoothie Bowls – Smoothies zum Löffeln aus der Schale. Sie sind etwas dicklicher, da weniger Flüssigkeit verwendet wird. Außerdem werden sie mit verschiedenen Toppings bestreut, z. B. Kokosflocken oder Obstscheiben. Das sieht nicht nur toll aus, die Smoothies werden dadurch auch zu einer vollen frischen Mahlzeit.

Frühstücks-Smoothie

» Das optimale »breakfast to go«. Hier werden alle Bestandteile zu einem cremig-fruchtigen Smoothie gemixt, der sich prima im Thermobecher transportieren lässt. Perfekt für Tage, an denen man wieder viel zu spät aufgestanden ist und dann zwischen Zähneputzen und Duschen schnell alle Zutaten in den Blender werfen kann. Vor dem Trinken sollte er noch einmal gut durchgeschüttelt werden, dann steht dem Frühstücks-Trinkgenuss nichts mehr im Wege.

für 2 Portionen à 250 ml • geht schnell
⊘ 5 Min.

150 g Beeren, z.B. Blaubeeren oder Erdbeeren (frisch oder aufgetaut) • 1 Banane • 75 g Hafer- oder Dinkelflocken • 1 EL Leinsaat • 250 ml (Pflanzen-)Milch

● Frische Beeren waschen, Banane in kleine Stücke schneiden.

● Mit den übrigen Zutaten im Mixer 2 Min. cremig pürieren. Falls die Konsistenz zu dickflüssig zum Trinken ist, noch etwas Wasser angießen.

● Auf zwei große Gläser oder Thermobecher verteilen.

Beeren-Aufstrich

» Marmelade kochen macht mir riesigen Spaß. Nur leider essen wir an einem Glas ewig – und dann warten noch fünf weitere Gläser der gleichen Sorte, obwohl ich viel lieber etwas Neues ausprobieren möchte. Da kommt dieser schnelle Fruchtaufstrich gerade richtig: Mit Apfelpektin statt Gelierzucker gekocht, kannst du auch minimale Mengen herstellen und individuell süßen. So gibt es Glas für Glas neue Varianten.

für ein 200-ml-Glas • gelingt leicht
⊘ 10 Min.

200 g Tiefkühlbeeren, z.B. Blaubeeren, Himbeeren oder eine Mischung • ½ TL Apfelpektin, z.B. von Natura (Reformhaus) • 1 TL Honig (optional)

● Beeren zum Kochen bringen und etwa 3 Min. sprudelnd kochen lassen.

● Den Topf von der heißen Platte ziehen und Apfelpektin einrühren. 1 weitere Min. unter Rühren sprudelnd kochen lassen. Nach Belieben den Honig einrühren, dann in ein ausgekochtes Glas füllen und gut verschließen.

● Abkühlen lassen und am besten im Kühlschrank aufbewahren. Nach Anbruch schnell verbrauchen.

Tipp Wenn große Beeren verwendet werden, z.B. Brombeeren oder Erdbeeren, die Beerenmasse kurz pürieren, bevor das Apfelpektin eingerührt wird. So ist die Konsistenz gleichmäßiger und der Aufstrich wird besser fest.

Variante Himbeer-Mango-Aufstrich: Dafür 100 g Himbeeren und 100 g gewürfelte Mango verwenden und wie beschrieben kochen.

Schokoladen-Nuss-Aufstrich

>> Das »Originalprodukt« mochte ich noch nie. Ich war wohl ein komischer Teenager! Diese selbstgemachte Variante allerdings hat einen hohen Suchtfaktor, wahrscheinlich, weil der Nussanteil hier um einiges höher liegt als beim gekauften Aufstrich. Die Nüsse lassen sich prima austauschen, ich mag die Variante mit Erdnüssen sehr gerne, mein Sohn steht auf die mildere Variante mit Cashews, und mein Mann mag alle Sorten.

ergibt ca. 125 g • geht schnell
⊘ 10 Min.

75 g ganze Haselnüsse (oder ungesalzene Cashewkerne, Erdnüsse, Mandeln oder eine Mischung aus allem) • 50 ml Kokosmilch • 2 EL dunkles Kakaopulver • 1 – 2 EL Ahornsirup • 1 Msp. Vanille, gemahlen • Salz

● Nüsse ohne Fett anrösten, bis sie duften.

● Mit allen anderen Zutaten zusammen pürieren, bis eine möglichst glatte Masse entstanden ist.

● In ein kleines Glas mit Schraubdeckel füllen und im Kühlschrank lagern. Hält sich ca. 1 Woche.

Paprika-Cashew-Aufstrich

>> Ich mag pikante Aufstriche sehr gern, aber viele Sorten, die es zu kaufen gibt, enthalten fragwürdige Inhaltsstoffe. Wie gut, dass es nicht sonderlich kompliziert ist, solche Aufstriche selbst herzustellen. Mir schmeckt meine Version auch viel besser als die gekaufte, nicht nur auf dem Brot, sondern auch zu Gemüsesticks oder wie Pesto als schnelle Nudelsauce.

ergibt ca. 200 g • gelingt leicht
⊘ 30 Min.

1 große rote Paprika (ca. 250 g) • 100 g Cashewkerne • 20 g Semmelbrösel oder altbackenes Brot • 1 EL Olivenöl • Salz

● Den Backofengrill vorheizen.

● Paprika vierteln und das Kerngehäuse entfernen. Mit der Hautseite nach oben auf einem Backblech ca. 10 – 12 Min. grillen, bis die Haut dunkle Blasen wirft.

● Die Cashewkerne dazugeben und kurz mitrösten. Die Nüsse sollten goldbraun sein, aber nicht verbrennen. Herausnehmen und abkühlen lassen, dann die Haut der Paprika entfernen.

● Paprika zerkleinern und mit Cashewkernen, Semmelbröseln und Olivenöl in der Küchenmaschine oder mit dem Pürierstab zu einer homogenen Masse verarbeiten.

● Mit Salz abschmecken (ca. ¼ TL) und in ein verschließbares Glas füllen. Im Kühlschrank aufbewahren, dort hält sich die Paste ca. 1 Woche.

Müsli-Muffins

» Hübsch in eine Muffin-Form gepackt befindet sich hier all das Leckere, das sonst in die Müsli-Schale kommt: Haferflocken, Äpfel, Bananen und eine Extraportion Protein durch Quinoa. Müsli auf die Hand, sozusagen. Am besten schmecken die Muffins leicht warm, dafür können sie auch kurz in die Mikrowelle.

ergibt 6 Muffins • braucht etwas mehr Zeit
⊘ 10 Min. + 25 Min. Backzeit

1 Banane • 75 g Apfelmus (100 % Frucht oder aus 2 – 3 Äpfeln selbst gekocht) • 60 ml Mandelmilch oder andere (Pflanzen-)Milch • 1 TL Honig • 1 EL Leinsaat • 175 g gekochtes Quinoa • 150 g Haferflocken • 1 EL Chiasamen • ¼ TL Zimt, gemahlen • 1 kleiner Apfel

● Den Backofen auf 180 °C (Umluft 160 °C) vorheizen.

● Banane in einer großen Rührschüssel mit der Gabel zerdrücken. Apfelmus, Mandelmilch und Honig dazugeben und gut verrühren, bis sich der Honig aufgelöst hat.

● Leinsaat im Mörser oder in der Küchenmaschine schroten und zusammen mit Quinoa, Haferflocken, Chiasamen und Zimt zu den flüssigen Zutaten geben und alles vermischen. Apfel entkernen und in kleine Stücke schneiden, unter den Teig rühren.

● 6 gefettete Muffinformen bis zum Rand befüllen und die Muffins etwa 25 Min. backen, bis die Oberfläche gebräunt ist und sich fest anfühlt. Auskühlen lassen.

● Muffins in einer luftdicht verschließenden Dose aufbewahren.

Pikante Muffins mit Quinoa

» Die pikanten Muffins sind prima geeignet, um Gemüsereste zu verwerten. Zusammen mit Quinoa und ein paar frischen Kräutern holst du so kleine Proteinbomben aus dem Backofen. Ein großartiges Frühstück für alle, die es lieber herzhaft mögen! Sie lassen sich auch gut in größerer Menge zubereiten.

für 2 Portionen • gut vorzubereiten
⊘ 25 Min. + 20 min. Backzeit

30 g Quinoa (oder 100 g gekochte Quinoa) • 200 g frisches Gemüse wie Möhren oder Brokkoli (oder 150 g gekochtes Gemüse) • ½ rote Paprikaschote • 50 g (TK-) Erbsen • 1 Lauchzwiebel • ½ Bund gemischte Kräuter • 25 g Parmesan • 1 Ei • Salz • Pfeffer • Paprikapulver, scharf • Olivenöl zum Einfetten

● Quinoa mit heißem Wasser spülen und nach Packungsanweisung garen.

● Frisches Gemüse putzen, zerkleinern und im Dampfgareinsatz bissfest kochen, bereits gekochtes Gemüse klein schneiden. Paprikaschote in kleine Würfel, Lauchzwiebel in feine Ringe schneiden. Kräuter waschen, trocken schleudern und fein hacken. Parmesan reiben.

● Backofen auf 180 °C (Umluft 160 °C) vorheizen. 4 Muffinförmchen mit etwas Olivenöl einfetten.

● Ei verschlagen, alle übrigen Zutaten dazugeben und verrühren. Mit je 1 Prise Salz, Pfeffer und Paprikapulver würzen. Auf die Förmchen verteilen und etwa 20 Min. backen, bis die Oberfläche gebräunt ist.

❯❯ Pikante Muffins mit Quinoa

Frühstück 39

Pancakes mit Amaranth

>> Pancakes sind für mich das Symbol schlechthin für ein ausgedehntes Wochenendfrühstück. Die klassische Variante wird hier zusätzlich mit gekochtem Amaranth verfeinert. Hierzu passen der Beeren-Aufstrich oder das selbst gemachte »Nutella« bestens! Die Pfanne, in der die Pancakes gebacken werden, sollte nie zu heiß sein, sonst werden die Pancakes schnell zäh. Lass die Pancakes einfach eine Minute länger backen.

für 4 kleine Pancakes • gelingt leicht
⊘ 20 Min.

1 EL Butter • 50 ml (Pflanzen-)Milch • 1 Ei • 1 TL Ahornsirup oder andere Süße (optional) • 75 g Dinkel-Vollkornmehl • 1 gestr. TL Weinsteinbackpulver • ½ TL Natron • 1 Prise Salz • 50 g gekochter Amaranth • Butter oder Öl zum Ausbacken

● Butter schmelzen, mit Milch und Ei verschlagen, nach Belieben Süße unterrühren.

● Mehl, Backpulver, Natron und Salz mischen. Die Milch-Mischung und Amaranth dazugeben und alles vorsichtig zu einem klumpigen Teig verrühren, bis die Zutaten feucht sind. Ein paar Mehlklümpchen dürfen im Teig verbleiben.

● Pfanne auf mittlere Hitze erwärmen. Etwas Butter oder Öl zerlaufen lassen und je nach Pfannengröße 2 Pancakes gleichzeitig oder nacheinander 4 kleine Pancakes backen. Dabei die Pancakes erst wenden, wenn sich auf der ungebackenen Seite einige Blasen gebildet haben, nach ca. 2–3 Min. Die zweite Seite 1–2 Min. backen.

Blueberry French Toast

>> Der klassische French Toast ist die dekadente Variante der Armen Ritter, quasi deren reiche Verwandtschaft: mit vielen Eiern, Sahne und braunem Zucker ausgebacken, mit Ahornsirup begossen und mit Puderzucker bestäubt. Das hier ist eine schlankere, cleane Variante, die auch so pures Frühstücksvergnügen für ein gemütliches Sonntagsfrühstück bringt! Das Brot kann bereits am Vorabend eingeweicht und im Kühlschrank aufbewahrt werden.

für 2 Portionen • gut vorzubereiten
⊘ 15 Min. + 15 Min. Einweichzeit

1 großes Ei • 50 ml Milch • Vanille, gemahlen • Zimt, gemahlen • 2 dicke Scheiben Quarkbrot (Seite 85) oder 3 Scheiben Vollkorn-Toastbrot, idealerweise altbacken • 100 g Blaubeeren (frisch oder aufgetaut) • 1 EL Butter • 2 EL Ahornsirup

● Ei, Milch und je 1 Prise Vanille und Zimt miteinander verschlagen. Brotscheiben halbieren, in eine flache Schüssel oder Auflaufform legen und mit der Ei-Milch-Mischung begießen. Etwa 10 Min. ruhen lassen. Umdrehen und noch einmal 5 Min. ziehen lassen. Die Flüssigkeit sollte dabei komplett aufgesogen werden.

● Butter in einer großen Pfanne erhitzen und die Brotscheiben bei mittlerer Hitze etwa 3 Min. braten, bis sie eine schöne gebräunte Unterseite haben. Umdrehen, die Blaubeeren mit in die Pfanne geben und weitere 4 Min. braten. Die Beeren sollten dabei etwas Flüssigkeit verlieren. Brot und Beeren auf Tellern anrichten und mit Ahornsirup servieren.

Frühstück 41

Pochiertes Ei
auf Avocado-Toast

» Weiche Frühstückseier wären so toll ohne diese lästige Eierschale. Je frischer das Ei, desto schwerer will es sich von seiner Schale trennen, oder es läuft alles über die Finger. Da ist Pochieren eine gute Alternative! Dank des Vorkoch-Tricks von Amerikas Koch-Ikone Julia Child sehen die »poachies« auch nicht mehr aus wie explodierende Ufos. Zusammen mit weicher Avocado, krossem Brot und geräuchertem Fisch ein Traum!

für zwei Portionen • gelingt leicht
⊘ 15 Min.

2 Eier • 2 Scheiben Vollkornbrot • 1 reife Avocado •
1 Forellenfilet (ca. 75 g) • Meersalz • schwarzer Pfeffer

● Eier anpieksen, 10 Sek. in kochendem Wasser garen, herausnehmen und die Hitze herunterschalten, sodass das Wasser nur noch simmert. Eier kurz abkühlen lassen, nacheinander aufschlagen und in ein Schälchen oder eine Schöpfkelle geben. Ins siedende Wasser gleiten lassen und das sich lösende Eiweiß sanft mit einem Löffel um das Ei herumlegen. Eier 4 Min. kochen lassen, dann mit der Schaumkelle herausnehmen und abtropfen.

● Das Brot toasten. Avocado halbieren, Kern entfernen und das Fruchtfleisch herauslöffeln. Auf dem getoasteten Brot verstreichen.

● Forellenfilet etwas zerrupfen und auf die Avocado geben. Jeweils 1 pochiertes Ei daraufsetzen und mit 1 Prise Salz und reichlich frisch gemahlenem Pfeffer bestreuen.

Bulletproof Coffee

» Der »kugelsichere Kaffee« oder schlicht »Butterkaffee« ist ein aktueller Renner in der gesunden Ernährung. Die Butter macht das Getränk nicht nur verträglicher, sondern auch energiespendender. Klar, er ist eine ordentliche Kalorienbombe, aber mit einer Menge guter mittelkettiger Fette schmeckt er nicht nur schön cremig, sondern hält auch lange satt.

für 1 Tasse Kaffee • geht schnell
⊘ 5 Min.

200 ml frisch aufgegossener Kaffee • 1 EL Butter aus Weidemilch • 1 EL natives Kokosöl

● Kaffee, Butter und Kokosöl in einen Rührbecher geben und mit dem Pürierstab so lange mixen, bis sich ein stabiler Schaum gebildet hat.

● Alternativ kannst du die Zutaten auch im Blender vermischen oder, ganz einfach, mit dem Löffel in der Tasse verrühren, bis sich Butter und Öl aufgelöst haben. Allerdings gibt es bei der letzten Methode keinen Schaum.

● In einen Kaffeebecher gießen und warm trinken.

Variante Veganer ersetzen die Butter durch etwas zusätzliches Kokosöl.

FÜRS BÜRO UND UNTERWEGS

Clean unterwegs, egal ob im Büro, in der Uni oder auf Reisen. Diese Snacks und mitnahmetauglichen Gerichte versorgen dich mit allem, was du täglich brauchst. Nimm dir Zeit für eine Pause, atme tief durch und genieße eine gesunde Mahlzeit oder einen köstlichen Snack. Die Wasserflasche nicht vergessen!

◂ Ziegenkäse-Sandwich mit Senfcreme (Rezept Seite 44)

Ziegenkäse-Sandwich mit Senfcreme

» Das belegte Brot – der Klassiker unter allen Mitnahme-Gerichten. Ist ja auch wirklich einfach und immer wieder lecker, so eine Klappstulle! Handlich bringt man zwischen zwei Scheiben Brot alles unter, was satt und zufrieden macht und dazu gesund und köstlich ist. Hier trifft Ziegenkäse auf Salat, Paprika und eine Creme aus Beeren-Senf.

für 2 Portionen • gelingt leicht (Abbildung Seite 42)
⏱ 15 Min.

4 große Salatblätter • ½ gelbe Paprikaschote • ¼ Gurke • 3 TL Senf, mittelscharf • 3 EL Blau- oder Himbeeren • 4 Scheiben Vollkornbrot • 2 große Scheiben Ziegengouda

● Salat waschen und trocken schleudern. Paprikaschote und Gurke mit dem Gurkenhobel in feine Stücke hobeln.

● Senf und Blaubeeren mit dem Pürierstab zu einer glatten Masse mixen. Vollkornbrot nach Belieben leicht toasten, dann mit der Senfcreme bestreichen und mit Salatblättern belegen.

● Zwei Brotscheiben mit Gouda belegen. Paprikascheiben und Gurken leicht ausdrücken und auf dem Käse verteilen, dann mit der zweiten Brotscheibe bedecken. Halbieren und bis zum Verzehr fest in Butterbrotpapier einschlagen oder in eine passende Brotdose legen.

Das passt dazu Wer mag, legt noch eine Scheibe geräucherte Putenbrust auf das Sandwich.

Hummus-Brot mit Möhrensalat

» Knusprig geröstetes Sauerteigbrot, cremiger Hummus und leicht scharf gewürzte Möhrenraspel – ein richtig leckeres, farbenfrohes Mittagsbrot aus dem Baukastensystem. Alle Zutaten werden getrennt voneinander aufbewahrt und transportiert und dann vor Ort zusammengesetzt. Die Stulle schmeckt mit klassischem Hummus, aber auch mit den beiden Varianten (Seite 45).

für 2 Portionen • gut vorzubereiten
⏱ 15 Min.

3 Möhren • 1 Knoblauchzehe • 1 TL Olivenöl • 1 TL Kreuzkümmel, gemahlen • Salz • Chilipulver • 4 Scheiben Sauerteigbrot • ½ Bund Koriander • 100 g Hummus, fertig gekauft oder selbst gemacht (Seite 62) • ½ TL schwarzer Pfeffer, gemahlen

● Möhren schälen und grob raspeln. Knoblauchzehe pellen und halbieren. Olivenöl erhitzen und die Knoblauchzehe bei mittlerer Hitze langsam anbraten, bis das Öl etwas aromatisiert ist. Herausnehmen.

● Möhrenraspeln mit Kreuzkümmel und je 1 Prise Salz und Chilipulver im aromatisierten Öl etwas weich dünsten. Abkühlen lassen. Sauerteigbrot toasten. Koriander waschen und trocknen.

● Zum Transport die Brotscheiben in Butterbrotpapier einschlagen. Möhren und Hummus jeweils in kleine Gläser füllen. Koriander in ein feuchtes Küchentuch einschlagen. Kurz vor dem Essen Brotscheiben mit Hummus bestreichen und mit Möhrenraspeln belegen. Koriander zerschneiden oder die Blätter abzupfen, auf die Möhren streuen. Mit Pfeffer würzen.

Hummus-Varianten

>> Klassischer Hummus ist aus Kichererbsen, der Sesampaste Tahin, Olivenöl, Knoblauch und Gewürzen schnell gemixt und passt zu allem. Zusammen mit ein paar Gemüsesticks ist es der ideale Snack im Büro. Aber probiere unbedingt auch mal diese beiden Varianten: die eine dunkelrot, erdig und würzig, die andere frisch, spritzig und knallgrün. Das bringt Farbe in deine Pause!

ergibt je ca. 200 g • geht schnell
⊘ jeweils 10 Min.

Für den Rote-Bete-Hummus: 100 g Rote Bete, gekocht •
1 Knoblauchzehe • 100 g Kichererbsen, gekocht •
1 EL Tahin (Sesampaste) • 1 EL Zitronensaft • 2 EL Olivenöl •
1 TL Kreuzkümmel, gemahlen • Salz • ½ TL Kreuzkümmelsamen (optional)
Für den Erbsen-Hummus: 150 g (TK-)Erbsen • 1 Knoblauchzehe • 1 EL Tahin • 3 TL Zitronensaft • 1 EL Olivenöl • 1 TL Kreuzkümmel, gemahlen • Salz • ½ TL Kreuzkümmelsamen (optional)

● Für den Rote-Bete-Hummus Rote Bete würfeln, Knoblauchzehe pellen und grob hacken. Mit allen anderen Zutaten, außer den Kreuzkümmelsamen, im Mixer oder mit dem Pürierstab zu einer sämigen Masse pürieren oder mixen. Abschmecken, ggf. mehr Kreuzkümmel zugeben. Mit Kreuzkümmelsamen bestreuen.

● Für den Erbsen-Hummus Erbsen in kochendem Wasser 1–2 Min. garen, dann abgießen. Knoblauchzehe pellen und grob hacken. Mit allen anderen Zutaten, außer den Kreuzkümmelsamen, im Mixer oder mit dem Pürierstab zu einer sämigen Masse pürieren oder mixen. Abschmecken, ggf. mehr Kreuzkümmel zugeben. Mit Kreuzkümmelsamen bestreuen.

Karibische Kartoffelsuppe

>> Zugegeben, einen Schönheitspreis gewinnt diese Suppe nicht. Aber es kommt auf die inneren Werte an, oder? Und da punktet sie! An kalten Tagen sorgt ein Teller dieser Suppe für einen warmen Bauch, macht glücklich, satt und dank Ingwer und Chili wach und munter. Also tschüs, Novembergrau. Wir sind dann mal in der Karibik, zumindest über die Mittagspause.

für 2 Portionen • gelingt leicht
⊘ 30 Min.

30 g gelbe Linsen • 300 g Kartoffeln • 1 Möhre • 1 Schalotte • 15 g Ingwer, frisch • 1 TL Kokosöl • 1 TL Rosenpaprika, gemahlen • ¼ TL Piment, gemahlen • ¼ TL Zimt, gemahlen • ¼ TL Koriander, gemahlen • 1 Prise Cayennepfeffer, gemahlen • 400 ml Gemüsebrühe • 200 ml Kokosmilch • ½ Bund Koriandergrün

● Linsen gut spülen und abtropfen lassen. Kartoffeln, Möhre und Schalotte schälen und klein würfeln. Ingwer wenn nötig schälen und fein reiben. Kokosöl erhitzen und Gemüse und Ingwer darin 5 Min. anschwitzen.

● Gewürze mischen, zum Gemüse geben und 1 Min. unter Rühren mitbraten. Gemüsebrühe angießen, die Linsen zufügen und alles einmal aufkochen. Dann zugedeckt bei kleiner Hitze etwa 20 Min. köcheln lassen. Vom Herd nehmen und die Kokosmilch einrühren.

● Koriandergrün waschen und trocken schleudern, grob hacken. Zusammen mit 1 Schöpfkelle Suppe pürieren, dann zurück zur Suppe geben und unterrühren.

Möhren-Mango-Suppe mit Hähnchen

» Cremig und mild trifft auf würzig und leicht scharf: Der Kontrast zwischen der fruchtigen Suppe und den pikant gewürzten, kross gebratenen Hähnchenspießen macht ihren Reiz aus. Gut, dass die Suppe so gut vorzubereiten ist, sie kann auch sehr gut eingefroren werden.

Die Kombination aus Möhre und Mango gibt es in diesem Buch übrigens gleich zweimal: Auch als Dessert (Seite 123) in einer süßlichen Variante macht sich »das doppelte Süppchen« ganz hervorragend.

für 2 Portionen als Hauptgericht oder für 4 Portionen als Vorspeise • gut vorzubereiten
⊘ 40 Min.

- 300 g Möhren
- 1 kleine Zwiebel
- 1 Knoblauchzehe
- ½ Mango (ca. 150 g)
- 200 ml Kokosmilch
- Salz
- Pfeffer

- ½ TL Kurkuma, gemahlen
- ½ TL Kreuzkümmel, gemahlen
- ½ TL Paprikapulver
- ¼ TL Ingwer, gemahlen
- 1 kleines Hähnchenbrustfilet (ca. 150 g)

- Cayennepfeffer
- 1 TL Kokosöl
zum Bestreuen:
- Kokosflocken
- Koriandergrün

● Möhren schälen und würfeln. Zwiebel und Knoblauch schälen und grob hacken. Alles mit 300 ml Wasser zum Kochen bringen und 15 Min. leise köcheln.

● Mango schälen, das Fruchtfleisch würfeln. Mit der Kokosmilch zur Suppe geben und weitere 5 Min. bei geringer Hitze garen.

● Suppe pürieren und mit 1 Prise Salz, viel Pfeffer, Kurkuma, Kreuzkümmel, Paprikapulver und Ingwer würzen. Warm halten.

● Hähnchenbrustfilet waschen, trocken tupfen, würfeln und gleichmäßig auf 4 Schaschlikspieße stecken. Sparsam salzen, leicht pfeffern und mit Cayennepfeffer würzen.

● Kokosöl erhitzen und die Hähnchenspieße von allen Seiten scharf anbraten, dann bei mittlerer Hitze durchbraten.

● Suppe abschmecken, in Teller oder Suppenschalen füllen und mit Kokosflocken und Koriandergrün garnieren. Mit je zwei Hähnchenspießen servieren.

Tipp Zum Mitnehmen die Suppe in ein dicht schließendes Gefäß füllen und im Büro bei mittlerer Hitze langsam erwärmen. Nicht wieder kochen, da die Kokosmilch leicht ausflockt. Die Hähnchenspieße können auch kalt dazu gegessen werden.

Clean Eating to go – ganz sauber im Büro und unterwegs

Auch wenn wir es uns oft anders wünschten – einen großen Teil unseres Tages verbringen wir unterwegs oder mit Arbeit. Aber auch dann müssen wir nicht auf cleanes Essen verzichten, es will nur gut überlegt und geplant sein.

Egal ob im Büro, im Außendienst, im Krankenhaus oder in der Fabrik, auch am Arbeitsplatz sind wir auf gutes, nahrhaftes Essen angewiesen, um volle Leistung zu erbringen. Idealerweise schmeckt es dann nicht nur gut, sondern macht uns wach und stärkt uns. Leider entspricht das selten der Realität deutscher Kantinenlandschaften: Currywurst mit Pommes ist dort immer noch das beliebteste Gericht. Da bestimme ich doch lieber selbst, was ich esse. 20 Minuten im Park durchatmen bringen mir mehr als ein hektisch runtergeschlungenes Essen in der übervollen Kantine oder einem lauten Restaurant.

Selbstversorger im Arbeitsalltag

Am einfachsten ist das natürlich, wenn du an deinem Arbeitsplatz die Möglichkeit hast, dein Essen selbst zuzu-

bereiten. So bist du unabhängig vom wenig cleanen Angebot der Kantine oder der umliegenden Restaurants. Salate, Suppen oder komplette Hauptgerichte lassen sich in geeigneten Verpackungen meist problemlos transportieren und vor Ort aufwärmen oder zubereiten. Wenn du die Komponenten des Essens getrennt aufbewahrst, kann auch nichts matschig werden. Dafür gibt es sogar spezielle Behältnisse, zum Beispiel die Bento-Box.

Wenn du dir nicht extra ein Mittagessen zubereiten möchtest, dann koche einfach eine zusätzliche Portion deines Abendessens und nimm diese mit zur Arbeit. Auch ein abends vorbereiteter Salat, den du nur noch mischen und mit Dressing versehen musst, ist ein super Essen für unterwegs. Und den Klassiker, das belegte Brot, kannst du jenseits von Salami-Schinken-Käse ordentlich mit Gemüse und Salat aufpeppen und so zum

Lieferanten für lang anhaltende Energie machen.

Kantine und Restaurant

Wenn Essengehen oder das Mittagessen in der Kantine für dich zum normalen (Berufs-)Alltag gehören, dann gibt es eine Reihe von Tipps, die es einfacher machen, auch hier deine cleane Linie zu verfolgen:

Ähnlich wie beim Einkaufen ist es sinnvoll, nicht völlig ausgehungert essen zu gehen. Trink zumindest ein großes Glas Wasser, am besten noch bevor du losgehst. Hungrig verfällt man viel eher den Verlockungen von Pommes, der Gyros-Platte oder der Currywurst.

- Denk daran, deinen Vormittagssnack zu essen, damit dir zum Mittagessen nicht sprichwörtlich der Magen zwischen den Knien hängt

und du dann entweder viel zu viel bestellst oder über den Brotkorb herfällst.
- Wenn du Salat essen möchtest, bitte schon bei der Bestellung um Essig und Öl und würze dann selbst am Tisch.
- Suche nach Gerichten mit möglichst viel Gemüse, und traue dich ruhig, nach Extras zu fragen. Vielleicht gibt es sogar Vollkornpasta, obwohl sie nicht ausdrücklich auf der Karte stehen?

Es ist übrigens absolut verständlich, wenn du deine neuen Gewohnheiten zunächst nicht an die große Glocke hängen möchtest. Aber traue deinen Kollegen oder Freunden ruhig auch etwas zu: Du wirst erstaunt sein, auf wie viel Interesse das Thema »gesundes Essen« stößt. Schließlich machst du keine obskure Diät, sondern stellst deine Ernährung auf natürliche Lebensmittel um.

Clean Snacken

Perfekte Snacks sind zum Beispiel Gemüsesticks mit einem Dip aus Hummus (Seite 45) oder Kräuterquark, grüne Smoothies (Seite 34), Obst, Nüsse oder selbst gemachte Müsliriegel (Seite 56). Auch Joghurt, mit einem Klecks Nussmus und etwas kleingeschnittenem Obst verfeinert, ist eine köstliche süße Mahlzeit. Und ja, ein Stückchen dunkle Schokolade

mit mehr als 70 % Kakaoanteil ist auch mal in Ordnung, genau wie ein Stück vollwertig gebackener Kuchen.

Weniger geeignet sind dagegen herkömmliche Schokoriegel oder gekaufte Müsliriegel. Auch mit Trockenobst solltest du zurückhaltend sein, da es sehr viel Zucker enthält.

On the Road

Unterwegs im Auto oder mit Bus und Bahn bietet sich oft der schnelle Gang zum Bäcker oder Metzger an. Leider gibt es dort nur bedingt cleane Lebensmittel. Nichts gegen das Vollkornbrötchen, aber die Leberkässemmel ist nicht unter den Top Ten der cleanen Gerichte zu finden.

Weiche auch hier eher auf einzelne Komponenten aus, wie unbelegtes Vollkornbrot oder Salate mit Essig-Öl-Dressing. Statt Bäcker und Metzger ist der Supermarkt die bessere Wahl für frisches Essen. Ganz klar, die beste Option ist natürlich wieder das selbst Mitgebrachte. Eine Kühltasche hält beispielsweise Obst und Gemüse oder ein belegtes Brot frisch, und du kommst bei längeren Fahrten zu einer wohlverdienten Pause. Auch einen Green Smoothie kannst du mit auf die Reise nehmen, wenn du ihn in einen Thermobecher füllst. Und die Wasserflasche nicht vergessen!

50 Fürs Büro und unterwegs

Bohnen-Linsen-Salat

» Ein Glücklichmacher-Salat: einfach, gut und sättigend. Viele Proteine, viele Ballaststoffe und eins der köstlichsten Öle auf der Erde: Haselnussöl, das reich an Vitamin E (Antioxidanzien) und den Omega-Fettsäuren ist. Dadurch, dass der Salat eine Weile durchziehen muss, lässt er sich prima am Vorabend zubereiten. Sehr köstlich dazu sind Croutons aus getoastetem Sauerteigbrot.

für 2 Portionen • gut vorzubereiten
⊘ 30 Min. + mind. 30 Min. zum Marinieren

50 g schwarze Linsen, getrocknet • 1 Dose weiße Bohnen, gekocht (400 g, ohne Grün, ohne Zuckerzusatz) • 30 g Haselnusskerne • 2 EL Apfelessig • 2 EL Haselnussöl • 2 EL Olivenöl • Salz • Pfeffer • ½ Bund glatte Petersilie

● Linsen abspülen und nach Packungsanweisung 20 – 25 Min. garen. Weiße Bohnen gründlich abspülen und abtropfen lassen.

● Haselnüsse grob hacken und ohne Fett anrösten, dabei oft rühren, damit sie nicht anbrennen. Herausnehmen und auskühlen lassen.

● Aus Essig und Öl, Salz und Pfeffer eine Marinade rühren. Linsen abgießen und noch warm mit der Marinade vermischen. Bohnen dazugeben. Petersilie fein hacken und unterrühren.

● Den Salat mindestens 30 Min. lang, am besten über Nacht, marinieren lassen. Vor dem Servieren abschmecken und mit Haselnüssen bestreuen.

◈ Salat im Glas

Salat im Glas

» Der ultimative Büro-to-go-Salat: Geschichtet wandern alle Zutaten in ein großes Schraubdeckelglas, werden vor Ort einmal kräftig durchgeschüttelt und dann verspeist. Der Kombinationsfreudigkeit sind keine Grenzen gesetzt, beachte nur drei einfache Tricks: Dressing immer auf den Boden, Blattgrün immer nach oben – und das Glas richtig vollpacken, damit sich nichts von allein vermischt.

für 2 Portionen • gut vorzubereiten
⊘ 20 Min.

50 g Vollkorn-Couscous • 2 EL Kürbis- oder Sonnenblumenkerne • 3 EL Olivenöl • 1 EL Apfelessig oder Zitronensaft • Salz • Pfeffer • 1 EL fein gehackte Kräuter • 150 g Kirschtomaten • 1 Schalotte • ½ gelbe Paprikaschote • ½ Gurke • 2 kleine Köpfe Romanasalat

● Couscous spülen und garen, abkühlen lassen. Kürbis- oder Sonnenblumenkerne ohne Fett anrösten, abkühlen lassen.

● Dressing aus Olivenöl, Essig oder Zitronensaft, Salz, Pfeffer und Kräutern rühren. Tomaten halbieren. Schalotte schälen und fein hacken. Paprikaschote würfeln. Gurke längs halbieren, Kerne entfernen und würfeln. Salat zerkleinern.

● 2 Schraubdeckelgläser von ca. 400 ml Fassungsvermögen schichtweise befüllen: zuerst Dressing, dann Kirschtomaten, Couscous, Schalotten-, Gurken- und Paprikawürfel, geröstete Kerne und zum Schluss die Salatblätter. Bei Bedarf ruhig etwas ins Glas pressen. Die Gläser fest verschließen und bis zum Verzehr im Kühlschrank lagern. Dort halten sie sich 1 – 2 Tage.

Bunter Hirse-Gemüse-Salat

>> Die Basis für diesen Salat ist das libanesische Tabouleh, ein Salat mit Couscous, Tomaten und viel Petersilie und Minze. Couscous wird hier durch Vollkornhirse ersetzt, eine der ältesten Getreidesorten überhaupt. Sie ist glutenfrei und enthält relativ viel Eisen. Rote Paprika mit ihrem hohen Gehalt an Vitamin C verbessert die Eisen-Aufnahme. Und das Beste: Am Abend vorbereitet, schmeckt der Salat am nächsten Tag gut durchgezogen noch besser.

für 2 Portionen · gut vorzubereiten
⊘ 30 Min.

50 g Vollkornhirse · 1 EL Olivenöl · 1 TL Apfelessig · Salz · Pfeffer · Kreuzkümmel · Sumach · 1 Lauchzwiebel · ½ Gurke · 100 g Cocktailtomaten · 1 kleine rote Paprikaschote · ½ Bund glatte Petersilie · 3 Zweige Minze · 1 Handvoll Feldsalat (ca. 50 g)

● Hirse nach Packungsanweisung zubereiten. Gekochte Hirse in eine Schüssel füllen und sofort mit Öl, Essig, einer Prise Salz und viel frisch gemahlenem schwarzen Pfeffer, je 1 Prise Kreuzkümmel und Sumach mischen.

● Lauchzwiebel und Gemüse waschen und putzen. Zwiebel in feine Ringe schneiden, Gurke, Paprika und Tomaten fein würfeln. Mit der Hirse mischen.

● Petersilie und Minze waschen und trocken schleudern, fein hacken und unter den Salat mischen. Feldsalat waschen und trocken schleudern, getrennt aufbewahren.

● Salat kurz vor dem Servieren noch einmal abschmecken und den Feldsalat unter den Salat heben.

Fruchtiger Linsensalat

>> Hand hoch, wer Linsen früher ausschließlich mit »sauer« in Verbindung brachte! Hier – ich! Das war gleichbedeutend mit matschbraunem Eintopf und schwabbeligen Speckstücken. Nur die Würstchen haben mir geschmeckt. Dabei können Linsen, die kleinen runden Eiweißspender, so viel mehr als zu Tode gekocht werden. In diesem fruchtigen Salat machen sie lange satt und zufrieden und sind durch die Chili schön spicy.

für 2 Portionen · gut vorzubereiten
⊘ 25 Min. + 30 Min. zum Ziehen

200 g rote oder gelbe Linsen · 3 EL Olivenöl · 1 EL Apfelessig · Salz · Pfeffer · 1 kleiner Apfel · 1 rote Paprikaschote · ½ Chilischote · 2 Lauchzwiebeln · ½ Bund Petersilie

● Linsen gründlich spülen und nach Packungsanweisung garen. Olivenöl und Apfelessig mischen, mit Salz und Pfeffer würzen.

● Apfel waschen, vierteln und das Kerngehäuse entfernen. ¼ Apfel in die Salatsauce reiben. Linsen noch heiß mit dem Dressing mischen und 30 Min. ziehen lassen.

● Paprikaschote waschen, entkernen und in Würfel schneiden. Chili und Lauchzwiebeln putzen und in feine Ringe schneiden. Restlichen Apfel fein würfeln. Petersilie waschen, trocken schleudern und mittelfein hacken.

● Alles unter die durchgezogenen Linsen heben und mit Salz, Pfeffer und evtl. mehr Olivenöl abschmecken.

Salat mit Asia-Dressing und Hähnchenbrust

» Mein Mann nennt ihn den »Shredder-Salat«, was gar nicht so weit hergeholt ist: Alle Zutaten werden mehr oder weniger zerrupft oder ohne viel Aufwand mit dem Gemüsehobel zerkleinert. Da hier recht viele feste Zutaten enthalten sind, lässt sich der Salat beinahe fix und fertig am Abend vorbereiten und dann am nächsten Tag als Büro-Lunch verspeisen. Die Hähnchenbrust ist natürlich optional, passt aber prima dazu.

für 2 Portionen • gut vorzubereiten
⏱ 25 Min.

- 1 kleine Hähnchenbrust (ca. 150 g, optional)
- Salz
- Pfeffer
- Paprikapulver
- 1 TL Öl
- ½ Orange

- 100 g frische Ananas oder ungesüßte Dosen-Ananas
- 1 gelbe Paprikaschote
- ½ Gurke
- 100 g Rotkohl
- 1 Möhre
- 1 Lauchzwiebel

- 1 kleiner Romana-Salat
- 100 g Cherrytomaten
- 2 EL Olivenöl
- 1 TL Sojasauce
- 2 EL Cashewkerne oder Erdnüsse
- 2 Stängel Koriandergrün

● Hähnchenbrust waschen und trocken tupfen, in 3 oder 4 Streifen schneiden, salzen, pfeffern und mit Paprikapulver bestäuben. In Öl bei mittlerer Hitze braten.

● Orange auspressen und Hähnchenbrust mit 2 – 3 EL Saft beträufeln. Ananas in Stücke schneiden und ebenfalls in die Pfanne geben. Bei ausgeschalteter Hitze ziehen lassen.

● Paprikaschote vierteln und Kerngehäuse entfernen. Paprika, Gurke und Rotkohl in feine Streifen hobeln. Möhre schälen und raspeln. Lauchzwiebel putzen und in feine Ringe schneiden. Salat waschen, trocken schleudern und die Blätter in Streifen schneiden oder zerrupfen. Tomaten vierteln.

● Hähnchenbrust aus der Pfanne nehmen und in kleine Streifen zupfen oder schneiden.

● Den restlichen Orangensaft mit Olivenöl und Sojasauce in die Pfanne gießen und mit Hähnchen-Marinade und Ananas mischen. Mit Pfeffer und evtl. Salz abschmecken.

● Koriander und Cashewkerne oder Erdnüsse hacken.

● Alle Zutaten bis auf Tomaten, Salat, Koriander und Nüsse mit dem Dressing mischen und je eine Portion in ein gut verschließbares Gefäß füllen. Tomaten und Salat obenauf füllen und mit Koriander und Nüssen bestreuen. Dann die Behälter verschließen und im Kühlschrank lagern.

● Am nächsten Tag vor dem Essen einmal durchmischen und ggf. nachwürzen.

Pasta mit Pesto, Tomaten und Rucola

» »Oh, Nudeln! Das sieht ja lecker aus!« Ja, und schmeckt auch so! Hier lohnt sich der Einsatz einer Lunchbox oder Bento-Box, um die Zutaten getrennt voneinander aufzubewahren, damit alles knackig bleibt. Hast du nicht, und Zeit auch nicht? Macht nichts, das Nudelgericht kannst du auch kalt als Nudelsalat essen.

für 2 Portionen • gelingt leicht
◷ 15 Min.

200 g kurze Vollkornnudeln, z. B. Penne rigate • 100 g Pesto Rosso (Seite 80) • 150 g Kirschtomaten • 1 Bund Rucola • 25 g Parmesan • schwarzer Pfeffer

● Nudeln nach Packungsanweisung kochen, anschließend abgießen. Mit Pesto mischen.

● Kirschtomaten waschen und längs halbieren. Rucola waschen und trocken schleudern, grob zerkleinern. Parmesan grob raspeln.

● Für den sofortigen Verzehr Pesto-Nudeln mit Tomaten und Rucola mischen, mit Pfeffer würzen und mit Parmesan bestreuen.

● Zum Mitnehmen alle Komponenten getrennt verpacken und kurz vor dem Essen Pasta mit Kirschtomaten zusammen vorsichtig in einer Pfanne oder in der Mikrowelle erwärmen. Mit Rucola mischen, mit Pfeffer würzen und mit Parmesan bestreuen.

Aktivierte Mandeln

» Nüsse und Mandeln sind ein super Snack, aber sie enthalten den Enzymhemmer Inhibin, der es unserem Körper ziemlich schwer macht, sie zu verdauen. Der Trick: Um das Inhibin auszuschalten, werden sie eingeweicht, wodurch sie anfangen zu keimen – sie werden also »aktiviert«. Das macht sie leichter verdaulich und ich finde, sie schmecken dadurch auch viel knackiger und aromatischer. Außerdem kann man sie so wunderbar mit Gewürzen verfeinern.

für 200 g • gelingt leicht
◷ 5 Min. + 24 Std. zum Einweichen und Trocknen

200 g Mandeln • 1 TL grobes Meersalz • 500 ml Wasser • 1 TL Zimt, gemahlen (optional)

● Mandeln und Meersalz mischen und mit Wasser übergießen. 12 Std. einweichen lassen, dann gut abspülen und nach Geschmack mit Zimt mischen.

● Auf einem Backblech ausbreiten und bei 50 °C (Umluft nicht geeignet) im Backofen mindestens 12 Std. trocknen lassen. Herausnehmen und abkühlen lassen.

Tipp Am besten gleich die doppelte Menge zubereiten und in luftdicht verschließbaren Behältern im Kühlschrank oder Tiefkühlfach aufbewahren.

❯ Pasta mit Pesto, Tomaten und Rucola

Müsliriegel mit Früchten und Nüssen

>> Viel und lange habe ich mit klassischen Müsliriegeln experimentiert, aber entweder wurden sie bretthart und staubtrocken oder gummiartig und schmeckten viel zu sehr nach Banane. Außerdem schmeckte der »rohe« Teig immer viel besser als das gebackene Ergebnis. Warum also nicht gleich ein »rohköstlicher« Riegel? Da sie bei mir sowieso nie alt werden, stört die kurze Haltbarkeit gar nicht.

für 12 – 16 Riegel • gut vorzubereiten
⏱ 20 Min. + 2 Std. Kühlzeit

- 200 g kleinblättrige Haferflocken oder andere Getreideflocken
- 100 g gemischte Nüsse, z. B. Haselnüsse, Cashewkerne, Pistazien, Mandeln
- 2 EL Kokosflocken
- 2 EL Sesamsaat

- 1 EL Chiasamen
- 125 g gemischte Trockenfrüchte, z. B. Aprikosen, Pflaumen, Apfelstücke
- 2 EL getrocknete Goji-Beeren
- 150 ml Kokoswasser oder Mineralwasser

Zur Dekoration (optional):
- 2 EL Kokoschips
- 1 EL Pistazien, gehackt
- 1 EL Cranberrys oder Goji-Beeren, getrocknet

● Die Hälfte der Hafer- oder Getreideflocken im Blender zerkleinern, bis ein grobes Mehl entsteht. Nüsse ebenfalls im Mixer zerkleinern, es sollten noch kleinere Stückchen darunter sein. Flocken, Flockenmehl, Nüsse, Kokos, Sesam und Chiasamen mischen.

● Trockenfrüchte grob hacken, dann zusammen mit Goji-Beeren und Kokoswasser oder Mineralwasser pürieren, bis die Früchte weitgehend zerkleinert sind.

● Zur Flockenmischung geben und alles, am besten mit den Händen, zu einer feuchten, festen Masse verkneten.

● Eine 20 × 30 cm große Auflaufform mit Backpapier auslegen, die überstehenden Ränder des Papiers nicht abschneiden. Die Müsli-Masse in der Auflaufform verteilen, dann das überstehende Backpapier darüberklappen und die Masse fest andrücken, am besten geht das mit einer kleinen Kastenform oder einer eckigen Gefrierbox. Kokoschips, Pistazien und getrocknete Beeren auf die Masse streuen und erneut fest anpressen.

● 2 Std. im Kühlschrank fest werden lassen, dann herausheben und in 12 – 16 Riegel schneiden. Die Riegel halten sich im Kühlschrank etwa 2 Wochen.

Variante Die Haferflocken kannst du teilweise durch gepufftes Getreide wie Amaranth oder Quinoa ersetzen oder die Früchte und Nüsse nach Belieben austauschen. Auch Kakao-Nibs schmecken sehr gut im Riegel.

Green Smoothie »Saure Gurke«

>> Nein, dieser Smoothie enthält keine eingelegten Gurken. Er ist aber durchaus schwangerschaftstauglich! Durch Zitronensaft und Ingwer erhält er eine schön säuerlich-scharfe Note, die für den »Hallo-wach-Kick« sorgt. Gurke und Petersilie geben die Farbe vor und der Apfel bringt etwas Süße ins Spiel. Transportieren und später genießen lässt sich so ein grüner Smoothie ganz prima in einem Thermobecher. Vor dem Trinken noch einmal gut durchschütteln!

für ein 300-ml-Glas • preisgünstig
⊘ 5 Min.

150 g Salatgurke • ½ Apfel • 1 Stück Ingwer, ca. 1 cm • 1 Zweig Petersilie • 1 EL Zitronensaft • 100 ml Wasser oder Kokoswasser

● Gurke waschen. Bio-Gurke mit Schale verwenden, ansonsten schälen und in Würfel schneiden. Apfel entkernen und würfeln. Ingwer schälen und grob hacken. Petersilie grob zerschneiden.

● Mit Zitronensaft und (Kokos-)Wasser im Blender oder mit dem Pürierstab zu einem glatten Smoothie mixen.

Mocha-Smoothie-Bowl

>> Das, was hier so fancy-schmancy klingt wie ein hippes Getränk aus dem Coffee Shop, ist ein genialer kleiner Nachmittagssnack zum Löffeln. Dein Koffeinkick ist auch schon darin enthalten, außerdem pure Energie aus Banane, Nussmus, Hanfsamen und Kakao. Wenn du dir noch schicke Toppings wie Chiasamen oder Kokosflocken gönnst, sieht der Take-away-Pappbecher deines Kollegen ganz schön alt aus.

für 1 kleine Schale • geht schnell
⊘ 10 Min.

1 frisch gebrühter Espresso (50 ml) • 1 Banane • 1 EL Mandel- oder Nussmus • 2 TL Hanfsamen • 1 TL Kakaopulver • ½ TL Chiasamen • 2 EL Mandelmilch oder eine andere Pflanzenmilch • Toppings nach Wahl, z. B. 1 TL Kakaonibs, 1 TL Kokosflocken, ½ TL Chiasamen, 1 TL gehackte Mandeln

● Espresso abkühlen lassen, dann mit allen Zutaten, außer den Toppings, cremig pürieren.

● Zum sofortigen Verzehr in eine kleine Schüssel füllen und mit Toppings nach Wahl bestreuen. Zum Mitnehmen in einen gekühlten Thermobecher füllen, die Toppings extra verpacken. Vor dem Verzehr gut schütteln, in eine kleine Schale füllen und mit Toppings bestreuen.

Variante Ohne Kaffee schmeckt es natürlich auch. Dann 75 ml Mandelmilch verwenden.

VORSPEISEN, SUPPEN UND SALATE

Hier findest du kleine Gerichte, die Lust auf mehr machen oder den kleinen Hunger stillen: würzige Suppen, knackige Salate und Rohkost in neuen, ungewöhnlichen Kombinationen. Sie eignen sich als Vorspeisen und Snacks, die ein Menü einleiten und deine Gäste begeistern.

‹ Avocado mit Tomaten-Salsa (Rezept Seite 60)

Avocado mit Tomaten-Salsa

❯❯ Avocados gehören auf jeden Fall zu meinen Lieblingsgemüsen. Wusstest du, dass das Wort »Avocado« von den Azteken stammt? Es bedeutet so viel wie »Hoden«. Ob es daran liegt, dass die Früchte immer in Paaren an Bäumen wachsen oder daran, dass sie ein bisschen so aussehen? Auf jeden Fall haben sie wirklich positive Auswirkungen auf den Hormonhaushalt.

für 2 Portionen • gelingt leicht (Abbildung Seite 58)
⊘ 15 Min.

¼ rote Zwiebel • 1 TL Apfelessig • 150 g Kirschtomaten • ½ Bund Koriander • ¼ rote Chili • 1 kleine Knoblauchzehe • 1 TL Limettensaft • schwarzer Pfeffer • Salz • 1 reife große Avocado

● Zwiebel in feine Scheiben schneiden und mit Apfelessig mischen. 15 Min. ziehen lassen.

● Tomaten waschen und in Würfel schneiden, zu den Zwiebeln geben. Koriander waschen, trocken schütteln und nicht zu fein hacken. Chili fein würfeln, Knoblauchzehe fein hacken. Alles zu der Zwiebeln-Tomaten-Mischung hinzufügen und gut durchrühren. Mit Limettensaft, Pfeffer und Salz abschmecken.

● Avocado halbieren, Kern entfernen und mit einem Löffel etwas Fruchtfleisch herauslösen, um die Öffnung zu vergrößern. Fruchtfleisch unter die Salsa mischen. Avocadohälften mit der Tomaten-Salsa füllen.

Pikante Spinatwaffeln

❯❯ Wenn dein Waffeleisen auch im Schrank verstaubt wie meins bis vor einiger Zeit, oder wenn es nur für süße Waffeln zum Einsatz kommt, dann ist es höchste Zeit für diese grünen Waffeln. Sie verleihen garantiert Superkräfte, vor allem zusammen mit dem Dip aus Hüttenkäse. Eine genauso grüne und ebenso leckere Variante sind gemischte Kräuter statt Spinat.

ergibt 2 dicke Waffeln • preisgünstig
⊘ 30 Min.

100 g Hüttenkäse • Salz • Pfeffer • Paprikapulver • 1 Lauchzwiebel • 100 g Spinat, frisch (oder 50 g TK) • 1 Möhre • 75 g Dinkel-Vollkornmehl • 1 knapper TL Backpulver • 1 Msp. Muskat • 1 Msp. Piment d'Espelette oder Paprikapulver, scharf • 1 Ei • 40 g weiche Butter • 75 ml Sprudelwasser • Öl fürs Waffeleisen

● Für die Creme den Hüttenkäse glatt rühren, mit Salz, Pfeffer und Paprikapulver würzen. Lauchzwiebel in sehr feine Ringe schneiden und unter den Frischkäse rühren. Möhre schälen und grob raspeln.

● Waffeleisen aufheizen.

● Mehl, Backpulver, Salz, Pfeffer, Muskat und Piment d'Espelette mischen. Ei und Spinat mit dem Pürierstab zu einer glatten Masse mixen. Butter schaumig schlagen, langsam die Ei-Spinat-Mischung einrühren. Abwechselnd die Mehlmischung und das Wasser unterrühren.

● Waffeleisen fetten und zwei Waffeln backen.

● Einen Klecks Frischkäsecreme auf jede Waffel setzen. Mit den Möhrenraspeln bestreuen.

Vorspeisen, Suppen und Salate

Auberginen-Calzone

》 Kürzlich las ich eine Buchrezension nur mit halber Aufmerksamkeit. Wahrscheinlich, weil mein Blick wie magisch angezogen wurde von einem Bild mit Auberginenschnitzeln, die mit Spinat und Ziegenkäse gefüllt waren. Die Konsequenz: Ich kaufte das falsche Buch und suchte vergeblich nach Bild und Rezept. Dann habe ich eben meine eigene Version von dieser Auberginen-Calzone gebacken.

für 2 Portionen • braucht etwas mehr Zeit
⊘ 15 Min. + 25 Min. Backzeit

1 große Aubergine • Salz • Olivenöl • 20 g Pinienkerne • 100 g Spinat • 2 Knoblauchzehen • 50 g getrocknete Tomaten in Olivenöl • 2 EL vom Öl der eingelegten Tomaten • schwarzer Pfeffer • 8 Scheiben Ziegenkäserolle

● Aubergine längs in 8 Scheiben schneiden. Mit Salz bestreuen und etwa 15 Min. ziehen lassen.

● Backofen auf 200 °C (Umluft 180 °C) vorheizen. Auberginen abtupfen, mit etwas Olivenöl bestreichen und ca. 15 Min. backen, bis sie goldbraun sind.

● Pinienkerne anrösten. Spinat waschen, Knoblauch in feine Scheiben schneiden. Eingelegte Tomaten zerkleinern.

● Öl von den Tomaten mit den Knoblauchscheiben auf mittlerer Stufe erhitzen, bis der Knoblauch weich ist. Spinatblätter dazugeben und zusammenfallen lassen.

● Jede Auberginenscheibe zur Hälfte mit Spinat, Tomaten und 1 Scheibe Ziegenkäse belegen und mit Pinienkernen bestreuen. Die andere Hälfte darüberklappen und noch mal 5 – 10 Min. backen, bis der Ziegenkäse leicht zerläuft.

Geröstetes Gemüse mit Dukkah

》 Dukkah ist eine orientalische Nuss-Gewürz-Mischung, die traditionell mit Olivenöl und Fladenbrot serviert wird: Das Brot wird zunächst ins Öl und dann in die Brösel getunkt. Wie immer gibt es tausend Varianten, jede Familie und jeder Händler hat ein eigenes Rezept. Gut verschlossen hält sich das Dukkah etwa eine Woche.

für 2 Portionen • gut vorzubereiten
⊘ 45 Min.

3 Möhren • 1 kleine Fenchelknolle • 1 gelbe Paprika • 1 Pastinake • 1 Zwiebel • 1 kleiner Brokkoli • 4 Champignons • 1 Knoblauchzehe • Salz • Pfeffer • 2 EL Olivenöl • 2 Zweige Thymian • 1 Zweig Rosmarin • 25 g Haselnüsse, ganz • 1 EL Sesamsaat • 1 EL Koriander, ganz • 1 EL Kreuzkümmel, ganz • 1 TL schwarze Pfefferkörner • Meersalz • ½ Vollkorn-Fladenbrot oder 2 Vollkornbrötchen • Olivenöl zum Tunken

● Den Backofen auf 200 °C (Umluft 180 °C) vorheizen.

● Gemüse in mundgerechte Stücke schneiden und auf einem Backblech verteilen. Knoblauch hacken und darüberstreuen. Mit Salz und Pfeffer würzen und mit Olivenöl beträufeln. Thymian und Rosmarin auf das Gemüse legen und alles etwa 30 Min. garen.

● Für das Dukkah Haselnüsse grob hacken, mit Sesam ohne Fett anrösten. Koriander, Kreuzkümmel und Pfefferkörner 2 – 3 Min. rösten. Gewürze im Mörser mahlen. Mit ¼ TL Salz, Haselnüssen und Sesam mischen.

● Gemüse und Fladenbrot in Olivenöl und Dukkah dippen.

Gurken-»Sushi«

》 Ich mag Sushi. Aber obwohl ich Fisch wirklich gern esse, ist mir vegetarisches Sushi immer noch am liebsten. Deswegen dürfen die an Sushi angelehnten Gurkenröllchen hier nicht fehlen, denn sie sind eine leckere kleine vegetarische Vorspeise. Und Sojasauce zum Eintunken gehört hier auch unbedingt dazu.

für 2 Portionen, 8 Röllchen • preisgünstig
⏲ 45 Min.

50 g Vollkornreis • 1 Mini-Gurke oder ½ Salatgurke • 1 kleine Möhre • ¼ rote Paprikaschote • ½ Avocado • 2 TL Sesamsaat • ½ Beet Kresse • Sojasauce zum Tunken

● Reis waschen und garen. Auskühlen lassen.

● Gurke waschen. Mit dem Sparschäler längs in feine Streifen schneiden, dabei nur bis zum Kern schneiden, dann auf der anderen Seite Streifen schneiden, insgesamt mindestens 16 Gurkenstreifen. Die Feuchtigkeit mit etwas Küchenpapier abtupfen, dann 2 oder 3 Streifen übereinanderlegen, sodass du 8 Gurkenstreifen erhältst.

● Möhre schälen und in kleine Stifte schneiden, die etwas höher als die Gurkenstreifen sind. Paprika ebenfalls in kleine Streifen schneiden. Avocado schälen und in Stifte schneiden.

● Reis auf den Gurkenstreifen verteilen, dabei an den Enden jeweils 2 cm frei lassen. Sesam über den Reis streuen, dann die Gemüsestifte darauf verteilen. Mit Kresse bestreuen und die Gurkenstreifen fest wie Sushi aufrollen, sodass Reis und Gemüse leicht zusammengepresst werden.

● »Sushi« mit Sojasauce zum Eintunken servieren.

Nori-Gemüse-Wraps

》 Noch eine Art »Sushi«, die durch die Wrap-Form auch Tex-Mex-Anklänge hat. Allerdings haben die dunkelgrünen Blätter aus der Nori-Alge viel mehr drauf als Tortillas, denn sie sind ein Superfood: Sie enthalten unter anderem viel Protein, Kalzium und Vitamine, beispielsweise B_{12}.

für 2 Portionen • gut vorzubereiten
⏲ 25 Min.

100 g gekochte Kichererbsen • 1 Knoblauchzehe (optional) • 2 EL Tahin • 1 EL Zitronensaft • 1 EL Olivenöl • 1 Prise Salz • ½ TL Kreuzkümmel, gemahlen • ½ TL Paprikapulver • 1 knapper TL Kurkuma, gemahlen • 1 Möhre • ¼ Gurke • ½ gelbe Paprikaschote • 50 g Zuckerschoten • 50 g Sprossen • 1 kleines Bund Koriandergrün • 4 große Nori-Blätter (Asia-Laden) • Sojasauce zum Eintunken

● Für das Hummus Kichererbsen gut abspülen und abtropfen. Knoblauch hacken. Mit Tahin, Zitronensaft, Olivenöl und Gewürzen zu einer glatten Paste pürieren.

● Möhre, Gurke, Paprika und Zuckerschoten in schmale Streifen schneiden.

● Jedes Nori-Blatt mit 2 EL Hummus bestreichen, dabei links und rechts ca. 1 cm frei lassen. Gemüse, Sprossen und Koriander auf der Paste verteilen.

● Die freien Seiten zur Mitte klappen, dann das Blatt fest aufrollen. Das Ende des Nori-Blatts mit etwas Wasser anfeuchten und festkleben. Kurz trocknen lassen und mit einem sehr scharfen Messer halbieren. Je 4 Röllchen auf einen Teller setzen und mit Sojasauce servieren.

❯ Gurken-»Sushi«

Vorspeisen, Suppen und Salate 63

Vorspeisen, Suppen und Salate

Scharfe Rote-Bete-Suppe

» Noch so ein Gemüse, von dem ich schwören würde, es sei mein liebstes. (Bis das nächste Lieblingsgemüse ankommt.) Aber was so vielseitig ist wie die Rote Bete, das hat absolut einen Platz unter den Top Ten verdient. Diese scharfe Suppe ist mit gekochter Roter Bete schnell fertig, aber auch mit frischer schmeckt sie toll. Die Zubereitungszeit erhöht sich dann auf etwa 45 Minuten.

für 2 Portionen • gut vorzubereiten
⊘ 30 Min.

250 g Süßkartoffeln • 200 g Rote Bete, gekocht • 1 kleine Zwiebel • 1 Knoblauchzehe • 300 ml Gemüsebrühe • 200 ml Kokosmilch • 1 TL rote Currypaste • Salz • Pfeffer • Koriander oder Petersilie

● Süßkartoffeln schälen und würfeln. Rote Bete würfeln. Zwiebel und Knoblauch putzen und grob hacken.

● Alles zusammen mit Gemüsebrühe aufkochen und dann zugedeckt leise köcheln lassen, bis die Süßkartoffeln weich sind.

● 4 EL Süßkartoffel- und Rote-Bete-Würfel zur Seite stellen. Von der Kokosmilch 2 EL abnehmen.

● Suppe mit Kokosmilch und Currypaste pürieren. Mit Salz und Pfeffer abschmecken.

● In Teller füllen, Gemüsewürfel hineingeben und mit je 1 EL Kokosmilch und einigen Kräuterblättchen garniert servieren.

◂ Scharfe Rote-Bete-Suppe

Kürbis-Maronen-Suppe

» Hallo Herbst! Diese Suppe schmeckt nach ersten kühlen Morgen, Raureif auf den abgeernteten Feldern und gemütlichen Sonntagen auf dem Sofa. Das musst du auch nur ganz kurz verlassen, um die Suppe vorzubereiten. Anschließend stellst du Suppenschalen, Löffel und etwas Brot auf ein Tablett und gehst schnell wieder zurück in deine Kuschelecke.

für 2 Portionen • gelingt leicht
⊘ 30 Min.

200 g Kürbis (geputzt gewogen) • 1 kleine Zwiebel • 200 g Maronen, gegart • 2 Zweige Salbei • 1 EL Olivenöl • Salz • Pfeffer • Paprikapulver, scharf • 2 EL Kürbiskerne • 3 – 4 rote Weinbeeren • 50 ml Sahne

● Kürbisfleisch würfeln. Zwiebel hacken. Maronen grob zerkleinern.

● Kürbis, Zwiebel und Salbei in Olivenöl andünsten, bis die Zwiebel glasig und der Kürbis etwas weich geworden sind. Maronen dazugeben und 1 Min. unter Rühren dünsten. Mit Salz, etwas Pfeffer und Paprikapulver würzen, dann mit 500 ml Wasser ablöschen. Einmal aufkochen und bei kleiner Hitze zugedeckt köcheln lassen, bis der Kürbis weich ist. Salbeizweige herausnehmen. Suppe pürieren und noch einmal abschmecken.

● Kürbiskerne in einer Pfanne ohne Fett anrösten. Weinbeeren waschen und halbieren. Sahne halbsteif schlagen (das geht gut mit dem Pürierstab).

● Suppe mit Sahnehäubchen versehen. Mit Kürbiskernen und Weinbeeren bestreuen.

Brokkoli-Salat mit Buttermilchdressing

» Warum immer nur gekocht? Auch als Rohkostsalat ist Brokkoli sehr gut, vor allem mit diesem frischen, spritzigen Buttermilch-Dressing. Eine Blutorange passt nicht nur optisch hervorragend dazu. Der Salat schmeckt allein für sich, ist aber auch ein guter Begleiter zu Fisch oder gebratenem hellen Fleisch.

für 2 Portionen • preisgünstig
⊘ 20 Min

1 kleiner Brokkoli (ca. 300 g) • 1 Lauchzwiebel • ½ (Blut-)Orange • 100 ml Buttermilch • 2 EL Haselnussöl oder Olivenöl • Salz • Pfeffer • Piment d'Espelette oder Paprikapulver, edelsüß • 2 EL Haselnüsse

● Brokkoli waschen, Strunk abschneiden und schälen. Strunk und Kopf über den Gurkenhobel reiben. Zwiebel putzen, in feine Ringe schneiden und zum Brokkoli geben.

● Für das Dressing die Orange leicht anpressen und 2 EL Saft abnehmen. Orangensaft mit Buttermilch verrühren. Die restliche Orange schälen, filetieren, klein schneiden und zum Brokkoli geben.

● Die Buttermilchmischung mit dem Öl verrühren. Mit Salz, Pfeffer und einer Prise Piment d'Espelette oder Paprikapulver würzen. Gut mit dem Salat vermischen.

● Haselnüsse hacken und in einer Pfanne ohne Öl leicht anrösten, bis sie duften. Über den Salat streuen.

Tipp Wenn du die zweite Portion Salat am nächsten Tag mit zur Arbeit nimmst, solltest du sie noch einmal abschmecken.

Spargel-Radieschen-Salat

» Es gibt Tage, an denen ich es gar nicht mehr abwarten kann, dass der Frühling kommt – und vor allem die Spargelsaison! Wenn sie dann endlich da ist, gibt es wochenlang Spargel, bis der Sparschäler streikt. Gut, dass grüner Spargel nicht geschält werden muss. Für diesen Salat muss er nicht einmal gekocht werden, denn mit Radieschen wird er roh zu einem frühlingsfrischen Salat verarbeitet.

für 2 Portionen • gelingt leicht
⊘ 15 Min.

1 Bund grüner Spargel • 1 Bund Radieschen • 1 Frühlingszwiebel • ½ Bund Kerbel • 2 EL Buttermilch • 1 EL Apfelessig • 2 EL Olivenöl • Salz • schwarzer Pfeffer

● Spargel und Radieschen waschen und in feine Scheiben schneiden. Frühlingszwiebel putzen und in feine Ringe schneiden. Kerbel waschen, trocknen und hacken.

● Buttermilch, Essig, Olivenöl, Salz und Pfeffer gut verrühren, dann mit Spargel, Radieschen, Zwiebel und Kerbel vermischen.

❯ Brokkoli-Salat mit Buttermilchdressing

Vorspeisen, Suppen und Salate 67

Superfoods –
die Superhelden auf dem Teller

Superfoods – hört sich toll an, finde ich. Und das sind sie auch, denn sie sind gesund und schmecken gut. Neben den exotischen Superfoods gibt es auch viele einheimische, die jeder kennt. Aber die wenigsten wissen, um was für super Lebensmittel es sich dabei handelt.

Superfoods sind Lebensmittel, die eine sehr hohe Dichte an Vitaminen, Antioxidanzien, sekundären Pflanzenstoffen, Mineralien oder Spurenelementen enthalten. Sie sollen damit Immunsystem und Wohlbefinden positiv beeinflussen.

Superfoods sind eine tolle Bereicherung für deine Ernährung. Aber sie sind nicht allein dafür verantwortlich, dass dein Körper genügend Nährstoffe bekommt. Superfoods sind nur das i-Tüpfelchen, die Grundlage bildet eine abwechslungsreiche, cleane Ernährung.

Hier sind meine liebsten Superfoods:

Matcha besteht aus reinen gemahlenen Grüntee-Blättern, die ihre knallig grüne Farbe durch besonders viel Chlorophyll erhalten. Er wirkt entzündungshemmend und immunstärkend. Dadurch, dass das ganze Blatt ge-

trunken wird, enthält Matcha verhältnismäßig viel Koffein und ist ein regelrechter Muntermacher, wobei die Wirkung des Koffeins aber sanfter einsetzt und länger anhält als bei Kaffee.

Chiasamen: Das »Maya-Superfood« enthält nicht nur hochwertige Proteine und Omega-3-Fettsäuren, sondern auch viele Ballaststoffe. Mit Flüssigkeit vermengt quellen sie auf das bis zu Zehnfache ihres Gewichts an und liefern so lang anhaltende, sattmachende Energie.

Leinsaat: Leinsamen enthalten überdurchschnittlich viele Ballaststoffe, was der Darmtätigkeit förderlich ist. Durch die reichlich enthaltene Alpha-Linolensäure sind Leinsamen eine gute pflanzliche Alternative zu Omega-3-Fettsäuren in Fisch und Fleisch. Sie sollten möglichst frisch geschrotet oder gemahlen verzehrt werden, da

die Fettsäuren nur so vom Darm aufgeschlossen werden.

Heidelbeeren enthalten eine hohe Konzentration der Antioxidanzienarten, die das Wachstum krebsartiger Dickdarmzellen hemmen und dem altersbedingtem Gedächtnisschwund vorbeugen sollen. Mit weniger als 60 kcal pro 100 Gramm sind Heidelbeeren auch ein wirklich schlankes Superfood.

Spinat und Grünkohl: Die Blätter sind aus keinem gesunden Speiseplan wegzudenken. Grünkohl enthält viel Eisen, Kalzium und, genau wie Spinat auch, die Vitamine K und A. Spinat trumpft dazu noch mit einer guten Portion Folsäure auf. Beide sind ballaststoffreich und kalorienarm. Grünkohl hat in Deutschland nur im Winter Saison, aber glücklicherweise gibt es ihn auch tiefgefroren. Spinat sollte möglichst aus Bio-Anbau stammen.

Avocado: Das Fruchtfleisch mit seiner cremigen Textur und dem nussigen Aroma ist gespickt mit guten Fetten, Vitaminen, Kalium, Folsäure, Proteinen und Ballaststoffen. Es wirkt sich positiv auf den Hormonhaushalt aus und ist vor allem in der Phase von Kinderwunsch, Schwangerschaft und Stillzeit ein ideales Nahrungsmittel.

Kokosnüsse wecken nicht nur Urlaubsträume, sie sind auch nährstofftechnisch ein Traum: Sie enthalten Ballaststoffe, Vitamine, Mineralstoffe und haben antioxidative Eigenschaften. Die mittelkettigen Fettsäuren können schnell in Energie umgewandelt werden und sättigen lange. Sie stärken das Immunsystem und unterstützen den Stoffwechsel. Kokosöl lässt sich auch als Hautpflegemittel verwenden. Das leicht süßliche Kokoswasser enthält Magnesium, Kalzium und Kalium und hilft als Elektrolytquelle gegen Austrocknung oder bei Durchfall.

Kurkuma: Das gelbe Gewürz verleiht Currys ihre typische Farbe. Frisch oder getrocknet enthält es das hoch antioxidative Kurkumin, das entzündungshemmend, schmerzstillend, antiviral und antibakteriell wirkt und darüber hinaus Krebs bekämpfen soll. In Indien wird Kurkuma von jeher als Heilmittel gegen Magen- und Leberkrankheiten eingesetzt. Die Wirkung von Kurkumin wird durch schwarzen Pfeffer verstärkt.

Hanfsamen: Durch ihren hohen, einfach zu verwertenden Proteingehalt sind Hanfsamen eine sehr gute Eiweißquelle, in der alle essenziellen Aminosäuren vorhanden sind. Ein wahres Superfood – nicht nur für Sportler. Sie schmecken leicht nussig und sind, etwas geröstet, ein tolles Topping für Gemüse oder Salat. Und sie machen jeden Smoothie im Nu zur Proteinbombe.

Kakao: Ohne Kakao keine Schokolade. Leider enthält herkömmliche Schokolade kaum noch rohen Kakao, der eine Fülle an gesunden Nährstoffen aufweist: einen extrem hohen Magnesiumgehalt, den höchsten Gehalt an antioxidativen Flavonoiden überhaupt, Kalzium und Eisen. Und glücklich macht Kakao auch: Durch den Verzehr werden im Hirn vermehrt Serotonin und Endorphin ausgeschüttet, aber auch das »Verliebt-Hormon« Phenylethylamin.

Weitere Superfoods sind beispielsweise Spirulina-Algen, Blütenpollen, Weizen- und Gerstengras, Goij-Beeren oder die peruanische Maca-Wurzel. Brasilianische Açai-Beeren und die Frucht des Moringa-Baums gelten als besonders reich an antioxidativen Wirkstoffen. Aber auch heimische Pflanzen wie Kohlsorten, Wildkräuter oder Beeren haben Superfood-Charakter.

Lauwarmer Kartoffel-Linsen-Salat

» Wer sagt denn, dass Kartoffelsalat immer aus gekochten Kartoffeln bestehen müsste? Im Ofen geröstete Kartoffeln bilden besonders feine Aromen und die knusprige Senf-Kruste tut ein Übriges. Die kleinen schwarzen Belugalinsen sind eine gute Eiweißquelle, und zusammen mit den Salatblättern sieht der Salat so schön aus, dass auch das Auge mitisst.

für 2 Portionen • gelingt leicht
⊘ 40 Min.

400 g möglichst kleine festkochende Kartoffeln • 2 EL körniger Senf (Seite 84) • 3 EL Olivenöl • Meersalz • 75 g schwarze Linsen • 1 Schalotte • ½ Bund Petersilie • 100 g Feldsalat • 1 TL Apfelessig

● Den Backofen auf 200 °C (Umluft 180 °C) vorheizen.

● Kartoffeln waschen und in mundgerechte Stücke schneiden. Mit Senf, 2 EL Olivenöl und 1 Prise Meersalz in einer ausreichend großen Auflaufform mischen und etwa 30 Min. backen. Herausnehmen und kurz abkühlen lassen.

● Während die Kartoffeln backen, die Linsen abspülen und nach Packungsanweisung ohne Salz garen. Schalotte putzen und fein würfeln. Petersilie waschen und hacken. Feldsalat waschen und trocken schleudern.

● Gekochte Linsen sofort mit Apfelessig, 1 EL Olivenöl und 1 Prise Salz mischen. Schalottenwürfel und gehackte Petersilie unterrühren und alles mit den Kartoffeln vermengen. Feldsalat auf einer flachen Servierplatte verteilen und den Kartoffel-Linsen-Salat darauf anrichten.

Rote-Bete-Spinat-Salat

» Ein köstlicher Herbstsalat, der mich durch weite Phasen der Schwangerschaft begleitet hat. Ursprünglich mischte ich Spinat und Rote Bete zusammen, weil beides schön viel Folsäure enthält, aber mit jedem Zubereiten wurde das Rezept noch weiter verfeinert. Ein guter Salat für Mutter und Kind, der aber natürlich auch werdenden Vätern und Nicht-Schwangeren schmeckt!

für 2 Portionen • gelingt leicht
⊘ 20 Min.

1 EL Rotweinessig • 1 EL Olivenöl • 2 EL Macadamia-Öl (oder Olivenöl) • Salz • Pfeffer • Paprikapulver, scharf • 2 kleine Knollen Rote Bete (mit zartem Blattgrün) • 2 Handvoll frischer Spinat • 100 g Ziegenkäserolle • 1 Scheibe Pumpernickel • 1 Handvoll Macadamia-Nüsse

● Den Backofengrill vorheizen.

● Essig, Öle, Salz, Pfeffer und Paprika verrühren. Rote Bete schälen und in feine Scheiben hobeln. Mit dem Dressing mischen und marinieren lassen.

● Spinat und Rote-Bete-Blätter waschen und trocken schleudern, in kleine Stücke rupfen.

● Ziegenkäserolle in 4 Scheiben schneiden. Pumpernickel in 4 Stücke schneiden. Mit je 1 Scheibe Ziegenkäse belegen. Macadamia-Nüsse grob hacken und mit den Pumpernickeln auf einem Backblech grillen, bis der Ziegenkäse leicht verlaufen und goldbraun ist und die Macadamia-Nüsse duften.

● Spinat, Rote-Bete-Blätter und Rote-Bete-Scheiben mischen und abschmecken. Auf 2 Tellern anrichten, mit Nüssen bestreuen und mit Ziegenkäse-Brot servieren.

Zucchini-Pilz-Salat

❯❯ Kaum ist die Spargelsaison vorbei, startet meistens der richtige Sommer. Zucchinipflanzen produzieren dann als gäbe es kein Morgen und als würden wir nichts lieber tun, als den ganzen Tag Zucchini essen. Irgendwann gehen einem manchmal schlicht die Ideen aus. Aber falls du gerade Lust auf Zucchini hast, dann ist das dein Rezept! Ansonsten: Die Kürbis-Cupcakes (Seite 136) lassen sich auch mit Zucchini backen.

für 2 Portionen • gut vorzubereiten
⊘ 45 Min.

3 EL Olivenöl • 1 TL Zitronensaft • 1 Knoblauchzehe • 1 gelbe Zucchini • 1 grüne Zucchini • 4 große braune Champignons • Salz • Pfeffer • 2 EL Pinienkerne • 50 g Fetakäse • 1 Stängel Basilikum

● 2 EL Olivenöl und Zitronensaft in einer flachen Schüssel verrühren. Knoblauch fein hacken und darunterrühren.

● Zucchini waschen und längs mit dem Sparschäler in schmale Scheiben schneiden. Pilze putzen und in feine Scheiben schneiden.

● Zucchini und Pilze mit 1 EL Olivenöl portionsweise anbraten, bis sie weich sind und etwas Farbe angenommen haben. Dabei jede Portion pfeffern und sparsam salzen. Das gebratene Gemüse in die Marinade geben und 30 Min. ziehen lassen, hin und wieder durchrühren.

● Pfanne auswischen und Pinienkerne ohne Fett rösten. Feta zerbröckeln, Basilikumblätter in Streifen schneiden.

● Das marinierte Gemüse mit Pinienkernen, Feta und Basilikum bestreuen.

Die Superstulle

❯❯ Die »Superstulle« entstand am Abend vor einem Urlaub, an dem alles auf den Tisch kam, was sich noch an verderblichen Lebensmitteln im Kühlschrank befand. Unter anderem waren das ein einsames Ei, zwei Scheiben Brot, eine halbe Avocado, eine Handvoll Spinat und ein kläglicher Rest Parmesan. Wer hätte gedacht, dass das die Geburtsstunde eines meiner schnellen Lieblingsgerichte sein würde?

für 2 Portionen • gelingt leicht
⊘ 15 Min.

2 Eier • 1 TL Butter zum Braten • 1 Handvoll Spinat • ½ reife Avocado • 20 g Parmesan am Stück • 2 große Scheiben Sauerteigbrot • Pfeffer • Meersalz

● Eier in einem gut verschließbaren Glas kräftig schütteln, sodass sich eine sehr homogene Masse bildet.

● Je ½ TL Butter in einer kleinen Pfanne erhitzen und das Ei in zwei Portionen zu pfannkuchenförmigen Omelettes braten (dabei nicht rühren!), dann umdrehen und von der anderen Seite ebenfalls garen.

● Die Omelettes halbieren, die Hälften zusammenklappen. Avocado in 8 Scheiben schneiden. Parmesan mit dem Sparschäler in feine Streifen schneiden.

● Brotscheiben halbieren und die Hälften jeweils mit etwas Spinat, einer Omelettehälfte und 2 Avocadoscheiben belegen. Mit ein paar Körnern Meersalz und frisch gemahlenem schwarzen Pfeffer bestreuen und mit Parmesanstreifen belegen.

Vorspeisen, Suppen und Salate

Das cleane Club-Sandwich

» Ein langer Tag, voll mit Meetings und Telefonkonferenzen, dann abends noch schnell ein Feierabenddrink mit den Kollegen. Da dauert es nicht lange, bis jemand ein Club-Sandwich bestellt, das dann in all seiner Pracht und Herrlichkeit ankommt. Naja. Getoastetes Weißbrot, Mayo aus dem 2-Kilo-Eimer und dazu eine halbe Tüte Chips. Dabei geht das doch auch in gesund! Mit etwas mehr Zeit gibt es sogar Pommes dazu.

für 2 Portionen • gelingt leicht
⊘ 20 Min.

- 1 Ei
- 1 Möhre
- ½ Zucchini
- ½ gelbe Paprikaschote
- 1 EL Olivenöl

- 1 große reife Tomate
- 2 Salatblätter
- 2 EL Sprossen
- 1 Avocado

- 6 Scheiben Vollkorn-Toast oder rechteckiges Vollkornbrot
- schwarzer Pfeffer
- 4 Scheiben Salatgurke

● Das Ei hart kochen, pellen, halbieren und abkühlen lassen.

● Möhre schälen, Zucchini waschen, beide längs in dünne Streifen schneiden. Paprikaschote waschen und in feine Streifen schneiden.

● Olivenöl erhitzen und das Gemüse bei mittlerer Hitze weich dünsten. Auf Küchenpapier abtropfen lassen.

● Tomate waschen und in Scheiben schneiden. Salat waschen und trocknen. Sprossen waschen. Avocado-Fruchtfleisch aus der Schale lösen und etwas zerdrücken. Das abgekühlte Ei hacken.

● Brot toasten. 4 Scheiben mit Avocado bestreichen und pfeffern. Davon 2 Scheiben mit gebratenem Gemüse belegen. Die beiden anderen Scheiben mit gehacktem Ei, Tomaten- und Gurkenscheiben, Sprossen und Salatblättern belegen. Die Brotscheiben mit Ei, Gurke und Tomate jeweils auf die Brote mit dem gebratenem Gemüse stapeln und mit jeweils einer unbelegten Scheibe abdecken.

● Brotstapel jeweils diagonal durchschneiden. Evtl. mit Zahnstochern fixieren.

Das passt dazu Süßkartoffel-Pommes (Seite 112) und Ketchup (Seite 79)

Griechische Kartoffelecken mit Tsatsiki

» Als ich vor vielen Jahren den Film »My Big Fat Greek Wedding« sah, ahnte ich nicht, dass ich keine 10 Jahre später selbst einen Griechen heiraten würde. Meine griechische Familie hat mir die großartige echte griechische Küche mit ihrer Aromenvielfalt gezeigt. Nur an das »originale« Tsatsiki traue ich mich immer noch nicht so ganz ran. (»Zu viel Knoblauch? Ach was, das ist doch sonst nur Kräuterquark!«)

für 2 Portionen • preisgünstig
⊘ 40 Min.

- 500 g festkochende Kartoffeln
- 1 Bio-Zitrone
- 4 EL Olivenöl
- 2 Lorbeerblätter
- 3 Knoblauchzehen
- Salz
- schwarzer Pfeffer
- 300 g griechischer Joghurt (oder Sahnequark)
- ¼ Salatgurke
- weißer Pfeffer
- 1 schwarze Olive zur Dekoration

● Den Backofen auf 200 °C (Umluft 180 °C) vorheizen.

● Kartoffeln gründlich waschen und je nach Größe in Viertel oder Achtel schneiden. Zitrone halbieren, eine Hälfte in dicke Scheiben schneiden und zu den Kartoffelspalten geben, die andere Hälfte auspressen und mit 2 EL Olivenöl mischen. 2 Knoblauchzehen leicht anquetschen (nicht pellen), zusammen mit den Lorbeerblättern zu den Kartoffeln geben. Alles großzügig pfeffern und etwas salzen, dann mit der Zitronen-Olivenöl-Mischung begießen und gut vermischen. Etwa 30 Min. backen, bis die Kartoffeln innen weich und außen knusprig sind.

● Für das Tsatsiki Joghurt glatt rühren. Gurke waschen, schälen und in eine Extraschüssel fein reiben, Raspeln gut ausdrücken. Knoblauchzehe pellen und fein raspeln. Beides unter den Joghurt rühren. 1 EL Olivenöl angießen und unterrühren. Mit etwas Salz und weißem Pfeffer abschmecken, dann ziehen lassen, bis die Kartoffeln gar sind.

● Mit Salz, Pfeffer und evtl. dem restlichen Olivenöl abschmecken. Tsatsiki in einer kleinen Schale mit einer Olive garnieren und zu den Kartoffelecken essen.

Cracker mit Sesam und Quinoa

» Das kennen wir: Der kleine Hunger kommt vorbei und möchte unbedingt etwas Salziges snacken. Wehe, da ist noch eine Tüte Chips im Schrank! Viel besser sind diese selbst gemachten Cracker. Eine Handvoll davon macht garantiert glücklicher als ölige, frittierte Kartoffelscheiben. Dank Vollkornreis und Quinoa besteht die Basis aus langkettigen Kohlenhydraten, die salzige Note kommt von der Sojasauce.

für 2 Backbleche • gut vorzubereiten
⊘ 30 Min. + 25 Min. Backzeit + Zeit zum Abkühlen

- 75 g Vollkornreis
- 50 g Quinoa
- 40 g Leinsaat
- 50 g Sesamsaat
- 2 EL Olivenöl

- 1 EL Sojasauce
Toppings:
- 1 Prise grobes Meersalz
- Pfeffer, frisch gemahlen

- Sesamsaat
- Kürbiskerne
- Kräuter
- Chili

● Reis und Quinoa waschen und zusammen nach Packungsanweisung garen. Leinsaat in ca. 50 ml Wasser einweichen. Sesam ohne Fett rösten.

● Den Backofen auf 180 °C (Umluft 160 °C) vorheizen.

● Alle Zutaten bis auf die Toppings in der Küchenmaschine zu einer glatten, klebrigen Masse pürieren oder in einer großen Rührschüssel mit dem Pürierstab mixen. Dabei können durchaus noch ganze Körner vorhanden sein. Wenn der Teig zu trocken und fest ist, teelöffelweise kaltes Wasser zugeben, bis die Konsistenz weich, aber nicht flüssig ist und sich ausrollen lässt.

● Die Masse halbieren und jeweils eine Teighälfte ca. 2 mm dünn auf einem mit Backpapier ausgelegten Blech ausrollen. Das gelingt am einfachsten, indem du ein Stück Frischhaltefolie oder Backpapier auf den Teig legst, dann klebt nichts an der Teigrolle.

● Ein scharfes großes Messer in kaltes Wasser tauchen und Rauten in den Teig schneiden bzw. drücken. Mit den gewünschten Toppings bestreuen und die Backbleche etwa 25 Min. in den Ofen schieben. Nach dem Abkühlen entlang der Markierungen auseinanderbrechen.

Tipp Wenn nicht der ganze Teig verarbeitet werden soll, kannst du ihn gut einige Wochen portionsweise einfrieren. Nach dem Auftauen ausrollen, einschneiden und backen wie beschrieben.

BASICS FÜR DIE VORRATSKAMMER

Die Grundzutaten für dein neues Clean-Eating-Ernährungskonzept: Selbst gemacht statt gekauft, damit du bestimmst, was auf deinen Teller kommt! Basics wie Gemüsebrühe, Senf oder Mandelmilch brauchst du für viele Rezepte, und eine auf Vorrat gekochte Tomatensauce hilft dir auch immer dann, wenn es mal schnell gehen muss.

◂ Kräutersalz (Rezept Seite 78)

Kräutersalz

>> Salz und Pfeffer sind sicherlich unverzichtbar, aber als einziges Gewürz auch etwas eintönig. Wem »ein Löffelchen hiervon, eine Prise davon und drei Körnchen vom Dritten« zu umständlich ist, der behilft sich mit aromatisiertem Salz. Das Kräutersalz ist ein perfekter Allrounder für Gemüse, Fleisch oder Fisch.

ergibt 70 g • braucht etwas mehr Zeit (Abbildung Seite 76)
⊘ 10 Min. + 2 Std. Trockenzeit + einige Tage zum Ziehen

1 Zweig Rosmarin • 1 Zweig Thymian • ½ Knoblauchzehe • 60 g grobes Meersalz • 1 Msp. Zitronenschale • ½ Lorbeerblatt • ½ kleine getrocknete Chili • 4 Körner schwarzer Pfeffer • 1 TL Olivenöl

● Den Backofen auf 100 °C (Umluft 80 °C) vorheizen.

● Rosmarin- und Thymianblättchen abzupfen, Knoblauch zerkleinern. Mit Salz, Zitronenschale und restlichen Gewürzen in der Küchenmaschine oder portionsweise im Mörser fein mahlen.

● Olivenöl unterrühren und die Mischung auf einem Backblech verteilen. Im Ofen etwa 2 Std. trocknen lassen, dann in ein Glas umfüllen. Das Kräutersalz hält sich mindestens 3 Monate.

Tipp Am besten 1 Woche ziehen lassen, bevor du es benutzt, dann entfaltet sich das Aroma gut.

Gekörnte Brühe

>> Ade, Brühwürfel! Wir machen unser Gemüsebrühepulver jetzt selbst und lagern es anschließend in der Tiefkühltruhe oder im Kühlschrank. Hinein kommt nur das, was wir auch darin haben wollen. Am besten funktioniert das Rezept mit einer Küchenmaschine. Aber es klappt auch, wenn du das Gemüse sehr fein schneidest oder raspelst und mit wenig Wasser oder dem Saft der Tomaten pürierst.

ergibt ca. 500 g Paste für 6 Gläser à 200 ml Inhalt • braucht etwas mehr Zeit
⊘ 30 Min. + 4 Std. Backzeit

300 g Zwiebeln • 100 g Lauch • 150 g Sellerie • 150 g Fenchel • 250 g Möhren • 5 Knoblauchzehen • 250 g reife Tomaten • 20 g getrocknete Pilze • ½ Bund Petersilie (ca. 50 g) • 30 g Meersalz

● Gemüse und Petersilie putzen und grob hacken, bei den Tomaten auch den Stielansatz entfernen. In der Küchenmaschine pürieren, bis eine dickflüssige Masse entsteht.

● Mit Salz mischen, auf zwei Backbleche streichen und bei 100 °C (keine Umluft!) etwa 4 Std. trocknen lassen, dabei immer mal wieder umrühren. Die Masse wird nicht komplett trocknen, sondern eher pastös bleiben.

● Gläser und Deckel heiß ausspülen. Paste in Gläser füllen, fest verschließen und abkühlen lassen.

● Zur Zubereitung von Gemüsebrühe ca. 1 EL Paste mit 1 l kochendem Wasser aufgießen und 5 Min. ziehen lassen.

Tipp Die Paste hält sich im Kühlschrank etwa 6–9 Monate, im Tiefkühlfach sogar 1 Jahr.

Gemüsebouillon

» Anders als die gekörnte Brühe wird hier die flüssige Bouillon in Gläser gefüllt und dann eingekocht. So hält sie sich über Monate. Sehr intensiv, aber nicht klar wird die Brühe, wenn das Gemüse nicht abgetropft und ausgedrückt, sondern komplett püriert wird.

ergibt 2 Liter • gut vorzubereiten
⊘ 20 Min. + 1 Std. Kochzeit + 1 Std. Einkochzeit

1 helle Zwiebel • 1 Lauchstange • 150 g Knollensellerie • 3 Möhren • 1 Pastinake • 1 Fenchelknolle • 1 EL Olivenöl • 1 Bund Petersilie • 25 g getrocknete Tomaten • 5 Piment-körner • 1 TL schwarzer Pfeffer • 1 knapper TL Meersalz • 2 Lorbeerblätter • 2 Liter Wasser

● Gemüse putzen und zerkleinern. Olivenöl in einem gro-ßen Suppentopf erhitzen und Gemüse darin anrösten.

● Petersilie waschen und trocken schleudern. Mit Toma-ten und Gewürzen zum Gemüse geben. Wasser angießen und aufkochen, dann zugedeckt 1 Std. leise köcheln lassen.

● Gemüse herausnehmen. Ein Sieb mit Küchenkrepp aus-legen, über eine Schüssel hängen und die Brühe durch-gießen. Gemüse ebenfalls in das Sieb geben und ausdrü-cken. Das Gemüsepüree herausnehmen. Suppentopf aus-spülen, Sieb erneut mit Krepp auslegen und über den Topf hängen. Brühe ein zweites Mal durchseihen.

● In Gläser füllen, fest verschließen und in den Topf stel-len. Mit Wasser bedecken, aufkochen und bei kleiner Hitze 30 Min. köcheln lassen.

● Die Gläser im Wasser stehen lassen, bis es abgekühlt ist. Gläser herausnehmen und erkalten lassen.

Ketchup

» Gekauften Ketchup gibt es nur mit viel, viel Zucker. Die wenigen zuckerfreien Sorten sind mit Süßstoffen ver-setzt. Ich habe mich bei meinen Ketchup-Versuchen mit der Süße Schritt für Schritt nach unten vorgearbeitet. Wenn Tomaten langsam geköchelt werden, schmecken sie von selbst süßlich, ebenso wie Fenchel.

ergibt ca. 300 ml • gut vorzubereiten
⊘ 2 Std. + Kühlzeit

50 g Fenchel • ½ Selleriestange • 10 g Ingwer • 1 Knob-lauchzehe • 1 kleine rote Zwiebel • ½ TL Koriandersamen • 1 Prise Nelken, gemahlen • 1 Prise Chili, gemahlen • 1 Prise Piment, gemahlen • 1 EL Olivenöl • 1 Dose gehackte Toma-ten • 25 ml Apfelessig • 1 EL Ahornsirup

● Fenchel und Sellerie waschen und in kleine Stücke schneiden. Ingwer waschen, schälen und grob hacken. Knoblauch und Zwiebel schälen und würfeln. Mit den Gewürzen und Olivenöl in einem Topf bei mittlerer Hitze etwa 10 Min. weich dünsten.

● Gehackte Tomaten angießen. Die Dose mit 100 ml Wasser ausspülen, das Wasser ebenfalls angießen. Alles aufkochen lassen und dann bei kleiner Hitze etwa 1 Std. köcheln lassen, bis die Masse gut eingedickt ist.

● Pürieren und evtl. durch ein Sieb streichen. Essig und Ahornsirup zugeben und noch mal 20 Min. köcheln lassen.

● In eine Flasche umfüllen und abkühlen lassen. Gut verschlossen im Kühlschrank lagern.

Variante Für Curry-Ketchup 1 EL hochwertige Madras-Curry-Mischung mitkochen.

Die einfachste Tomaten-sauce der Welt

>> In weniger als fünf Minuten vorbereitet, und dann für alles und jedes zu verwenden, nicht nur als Pastasauce. Je länger die Sauce köcheln kann, desto aromatischer wird sie. Allerdings reichen, wenn's schnell gehen muss, auch mal 10 Minuten. Und das Allerbeste: Sie ist die perfekte Vorratssauce, da sie super eingefroren oder eingekocht werden kann. Da lohnt es sich, gleich die doppelte oder dreifache Menge zuzubereiten.

für 2 – 3 große Portionen • preisgünstig
⊘ 35 Min.

1 Zwiebel • 1 Knoblauchzehe • 1 Dose gehackte Tomaten • 1 TL getrockneter Oregano • ¾ TL Meersalz (ca. 4 g) • 2 EL Olivenöl

● Zwiebel und Knoblauch schälen und grob hacken.

● Zusammen mit gehackten Tomaten, Oregano, Salz und Olivenöl in einen Topf mit schwerem Boden geben. Tomatendose einmal mit 50 ml Wasser ausspülen, das Wasser ebenfalls in den Topf gießen.

● Alles aufkochen, dann zugedeckt bei kleiner Hitze etwa 30 Min. köcheln lassen. Die Sauce sollte dicklich sein und das Öl sollte sich oben absetzen. Mit dem Pürierstab glatt pürieren.

Tipp Die Sauce lässt sich ganz leicht einkochen: Dazu sterilisierte Gläser bis kurz unter den Rand mit Sauce füllen und fest verschließen. In einen Topf stellen, mit Wasser bedecken, aufkochen, etwa 25 – 30 Min. köcheln lassen und den Herd ausschalten. Die Gläser im Wasser abkühlen lassen. Die Sauce hält sich so mindestens 4 Monate.

Pesto Rosso

>> Pesto selbst herzustellen ist wirklich keine große Kunst. Verwunderlich ist eher, was in industriell produziertem Pesto so alles enthalten ist. Cashewkerne statt Pinienkerne sind da noch das Geringste. Ein paar gute Zutaten, ein paar Minuten Zeit, und schon verteilt sich das leckerste Pesto aller Zeiten auf den Nudeln, die genau dann fertig sind, wenn die würzige Paste zubereitet ist.

ergibt ca. 125 g • gut vorzubereiten
⊘ 10 Min. Einweichzeit + 10 Min.

40 g getrocknete Tomaten ohne Öl oder 75 g in Olivenöl eingelegte Tomaten • 25 g Pinienkerne • 1 kleine Knoblauchzehe • 25 g Parmesan • 3 EL Olivenöl (bzw. 1 EL Öl bei Verwendung von eingelegten Tomaten)

● Getrocknete Tomaten ohne Öl etwa 10 Min. einweichen, anschließend aus dem Wasser nehmen und abtropfen lassen. Tomaten in Öl können ohne Vorbereitung verwendet werden.

● Pinienkerne ohne Zugabe von Fett goldbraun anrösten, dabei die Pfanne oft schütteln, damit die empfindlichen Kerne nicht anbrennen.

● Tomaten klein schneiden, Knoblauchzehe fein hacken. Käse reiben.

● Alle Zutaten mit dem Olivenöl in ein hohes Gefäß geben und mit dem Pürierstab so lange pürieren, bis eine nicht ganz homogene Masse entsteht.

◆ Die einfachste Tomatensauce der Welt

Basics für die Vorratskammer 81

Kurkuma-Paste

Grober Apfel-Thymian-Senf

» Diese ayurvedische Paste besteht aus dem Superfood Kurkuma. Damit färbst du nicht nur Reis goldgelb oder gibst Currys und Gemüsegerichten Farbe, du kannst damit auch ein tolles warmes Getränk, die sogenannte »Golden Milk«, herstellen. Durch die antibakterielle und entzündungshemmende Wirkung von Kurkuma kommt diese bei mir immer zum Einsatz, wenn eine Erkältung im Anmarsch ist.

ergibt ca. 50 ml • gelingt leicht
⊘ 10 Min.

2 EL Kurkuma, gemahlen • 4 EL stilles Mineralwasser

● Kurkuma und Wasser in einem kleinen Topf verrühren und bei kleiner Hitze etwa 5 Min. köcheln lassen. Dabei ständig rühren, damit nichts anbrennt. Die Paste sollte etwas eindicken.

● In ein kleines Schraubdeckelglas füllen und gut verschließen. Die Paste hält sich im Kühlschrank etwa 3 Wochen.

Variante Für »Golden Milk« 200 ml Pflanzenmilch erwärmen und mit 1 TL Kurkuma-Paste, 1 TL Kokosöl und einer Prise frisch gemahlenem schwarzen Pfeffer verrühren.

» Nach einiger Suche fand ich mittelscharfen Senf ohne Zuckerzusatz. Aber bei grobem Senf war überall Zucker drin. Nach etwas Ausprobieren hatte ich diesen würzigen und leicht süßen Senf mit Apfel und Thymian im Glas. Je länger der Senf ruhen kann, desto runder und milder wird er. Als Geschenk aus der Küche solltest du ihn also rechtzeitig ansetzen.

für ca. 300 g Senf • braucht etwas mehr Zeit
⊘ 20 Min. + 3 Tage zum Ziehen + 5 Min.

30 g gelbe Senfkörner • 30 g braune Senfkörner • 1 Apfel (150 g) • 5 Zweige Thymian • 50 ml Apfelessig • 100 ml Wasser • 1 TL Honig

● Senfsaaten in einem verschließbaren Glas mischen.

● Apfel vierteln, entkernen und grob würfeln. Mit Thymianzweigen, Apfelessig, Wasser und Honig aufkochen und ca. 10 Min. weich köcheln. Thymian herausnehmen und zu den Senfkörnern geben.

● Apfelstücke pürieren oder zerdrücken. Über die Senfkörner gießen und gut verrühren.

● 3 Tage ziehen lassen, dann die Masse pürieren, sodass die Körner leicht stückig bleiben.

Tipp Wenn du den Senf sofort isst, ist er relativ scharf. Je länger er reift, desto milder und runder wird er im Geschmack.

Mandel- oder Nussmilch

>> Ein echtes »Grundnahrungsmittel« in meiner cleanen Küche. Mandel- oder Nussmilch nutze ich für so ziemlich alles (außer für Kaffee, aber das ist Geschmackssache), vom Müsli über den Smoothie bis zum Kuchen. Frisch angesetzte, pure Mandelmilch hält sich nicht sehr lange, deshalb ist es sinnvoll, immer nur kleinere Mengen herzustellen.

ergibt 500 ml • gelingt leicht
⊘ 5 Min. + Einweichen über Nacht + 5 Min.

100 g ganze Mandeln oder Nüsse (z.B. Haselnüsse, Cashewkerne oder eine Nussmischung) • Wasser

● Mandeln oder Nüsse in einer Schüssel mit heißem Wasser 2–3-mal waschen. Dann mit kaltem Wasser bedeckt über Nacht (etwa 8 Std.) einweichen lassen.

● Am nächsten Morgen das Wasser abgießen, Mandeln bzw. Nüsse noch einmal abspülen und anschließend mit 500 ml kaltem Wasser 2–3 Min. im Blender pürieren.

● Durch ein feines Sieb gießen, die Reste gut ausdrücken.

● Mandel- oder Nussmilch in eine fest verschließbare Flasche füllen und im Kühlschrank aufbewahren. Hält sich 1–2 Tage.

Tipp Das entstandene Mandel- oder Nussmehl auf einem Backblech ausbreiten und trocknen lassen. Wie gemahlene Mandeln oder Nüsse zum Backen verwenden.

Selbst gemachter Frischkäse

>> Viele gekaufte Frischkäsesorten sind mit unerwünschten Zusätzen versehen – Verdickungsmitteln oder seltsamen Aromen beispielsweise. Natürlich gibt es auch cleanen Frischkäse zu kaufen, aber es macht einfach Spaß, sich einmal selbst daran zu versuchen. Aus dem Frischkäse lassen sich ganz prima kleine Bällchen formen und zum Beispiel in Kräutern oder Nussbröseln wälzen.

ergibt ca. 200 g • braucht etwas mehr Zeit
⊘ 5 Min. + 16 – 24 Std. Abtropfzeit

250 g türkischer Joghurt (10 % Fett) • ¼ TL Salz

● Ein großes Sieb mit einem Mulltuch oder Geschirrtuch auslegen und über eine Schüssel hängen. Joghurt und Salz gut verrühren und in das Tuch geben. Die Ecken des Tuchs über den Joghurt legen. Einen ausreichend großen Teller umgedreht daraufsetzen und mit einer Dose oder einem schweren Gegenstand beschweren.

● An einem kühlen Ort abtropfen lassen. Nach etwa 16 Std. ist die Frischkäsemasse cremig und verzehrfertig. Je länger sie abtropft, desto fester wird sie.

● In ein gut verschließbares Gefäß füllen und im Kühlschrank lagern. Der Frischkäse hält sich dort etwa 1 Woche.

Vollkornbrötchen

>> Diese kleinen Kracher-Krusten sind so einfach wie genial: Alle Zutaten werden nach der »No-knead-Methode« nicht geknetet, sondern nur locker verrührt und dann zum Gehen über Nacht in den Kühlschrank gestellt. Dadurch entsteht ein besonders aromatischer und feinporiger Teig. Morgens musst du nur noch Brötchen abstechen und backen. Frühstück ist fertig!

für ca. 8 Brötchen • braucht etwas mehr Zeit
⊘ 5 Min. + 12 – 18 Std. Gehzeit + 20 Min. Backzeit

300 g Dinkel-Vollkornmehl • 100 g Roggen-Vollkornmehl • 1 TL Salz • 10 g frische Hefe oder ½ TL Trockenhefe • 275 ml lauwarmes Wasser • Mehl zum Bestäuben

● Beide Mehlsorten mit Salz in einer großen, möglichst breiten Schüssel mischen. Hefe im Wasser auflösen und über die Mehlmischung gießen. Alles kurz verrühren, bis keine gröberen Mehlnester mehr vorhanden sind. Ist der Teig zu trocken, noch 2 – 3 EL Wasser unterrühren. Schüssel verschließen oder bedecken und mindestens 12 Std. im Kühlschrank gehen lassen.

● Backofen auf 220 °C vorheizen (Umluft 200 °C) und das Backblech, einen Brotbackstein oder einen Pizzastein mit aufheizen lassen.

● Vom Teig mit einem Esslöffel 8 Brötchen abstechen und ohne weiteres Kneten oder Formen direkt auf das aufgeheizte Backblech oder den Backstein geben. Mit etwas Mehl bestäuben und 20 Min. backen. Vor dem Verzehr kurz auskühlen lassen.

◂ Schnelles Quarkbrot

Schnelles Quarkbrot

>> Brotbacken kann ganz schnell gehen! Dieser Laib ist schneller zusammengeknetet, als der Backofen vorheizen kann. Und offenbar ist er ein Dauerbrenner: Nachdem meine Bloggerfreundin Mona mir erst mit ihrem Rezept ausgeholfen hatte, fand ich es tatsächlich auch im handgeschriebenen Backbuch meiner Großmutter. Dies hier ist meine leicht abgewandelte Variante; mit Dinkel-Vollkornmehl und Grieß wird das Quarkbrot griffiger.

ergibt ein 500 g schweres Brot oder 6 – 8 Brötchen • gelingt leicht
⊘ 5 Min. + 35 Min. Backzeit

25 g Dinkel-Vollkorngrieß + 1 EL zum Bestreuen • 225 g Dinkel-Vollkornmehl • 1 knapper TL Salz (ca. 4 g) • 1 Pck. Weinsteinbackpulver • 1 Ei • 250 g Quark

● Den Backofen auf 180 °C (Umluft 160 °C) vorheizen.

● Grieß, Mehl, Salz und Backpulver mischen, dann mit Ei und Quark gründlich verkneten. Wenn der Teig zu trocken ist, noch 1 – 2 EL Milch oder Wasser hinzugeben.

● Einen Brotlaib formen, mit dem restlichen Grieß bestreuen, mehrfach schräg einschneiden und auf einem Backblech 30 – 35 Min. backen. Wenn der Boden des Brotes beim Draufklopfen hohl klingt, ist es fertig. Herausnehmen und auskühlen lassen.

Variante Für Brötchen den Teig in 6 oder 8 gleich große Stücke schneiden und zu kleinen Ballen formen. Nach Belieben mit Körnern oder nur mit Grieß bestreuen. Je nach Größe 15 – 20 Min. backen.

SCHNELLE HAUPTGERICHTE

Hast du nach der Arbeit weder viel Zeit noch große Lust, lange in der Küche zu stehen? Kann ich verstehen. Deswegen sind die Gerichte in diesem Kapitel in 30 Minuten und weniger fertig. Wenn du darüber hinaus noch einen Wochenplan erstellst, weißt du schon im Voraus, was du kochen willst, und kannst gleich loslegen. So bleibt mehr Zeit für die wirklich wichtigen Dinge im Leben!

◂ One-Pot-Pasta (Rezept Seite 88)

One-Pot-Pasta

>> Eine Abwandlung der berühmten One-Pot-Pasta von Martha Stewart, mit viel Gemüse und kurzen Nudeln statt Spaghetti. Alle Zutaten werden nacheinander vorbereitet und direkt in den Topf gegeben, wo sie gemeinsam garen: Die Nudeln kochen im Wasser und das Gemüse wird auf ihnen quasi gedämpft. Schmeckt auch toll mit Pilzen oder Spinat.

für 2 Portionen • preisgünstig (Abbildung Seite 86)
⊘ 20 Min.

150 g kurze Vollkornpasta, z.B. Fusilli oder Penne rigate • ½ TL Salz • ½ TL Oregano, gerebelt • 1 EL Olivenöl • 1 kleiner Brokkoli (ca. 250 g) • 2 Lauchzwiebeln • 200 g Cocktailtomaten • 3 – 4 getrocknete Tomaten • 1 kleine Möhre • Pfeffer • Parmesan zum Bestreuen

● Ungekochte Pasta in einen nicht zu kleinen, weiten Topf geben und mit so viel Wasser auffüllen, dass sie gerade so bedeckt ist (ca. 300 – 400 ml Wasser). Salz, Oregano und Olivenöl zufügen und umrühren. Pasta bei geschlossenem Deckel zum Kochen bringen. Hitze reduzieren.

● Das Gemüse vorbereiten: Brokkoli in Röschen teilen, den Strunk schälen und in Streifen schneiden. Lauchzwiebeln in Ringe schneiden. Cocktailtomaten vierteln. Getrocknete Tomaten in Streifen schneiden. Möhre in feine Scheiben hobeln.

● Gemüse nacheinander auf die Pasta geben, sodass die unterschiedlich kurzen Garzeiten gewährleistet sind. Mit Pfeffer würzen und gut umrühren. So lange köcheln, bis Pasta und Brokkoli bissfest gegart sind. Noch einmal abschmecken. Mit Parmesan bestreut servieren.

Muschelnudeln mit grünem Gemüse

>> Dieses schnelle Gericht könnte auch »Tiefkühler-Nudeln« heißen, denn du kannst die Gemüsesorten nehmen, die sich in deinem Tiefkühlfach befinden. Hauptsache viel Grün! Falls Brokkoli bei deiner Familie nicht so ankommt, einfach durch etwas anderes ersetzen. Du kannst das Gericht mit Chili und abgeriebener Zitronenschale noch verfeinern.

für 2 Portionen • preisgünstig
⊘ 20 Min.

150 g Vollkorn-Muschelnudeln • 1 Knoblauchzehe • 1 EL Olivenöl • 150 g TK-Brokkoli • 150 g TK-Bohnen • 250 ml Gemüsebrühe • 200 ml Sahne • Salz • Pfeffer • 30 g Parmesan • 150 g TK-Erbsen • 1 Stängel Basilikum

● Pasta nach Packungsanweisung sehr al dente kochen.

● Knoblauch sehr fein hacken. Olivenöl erhitzen und Knoblauch bei mittlerer Hitze langsam goldbraun braten.

● Gefrorenen Brokkoli und Bohnen dazugeben und 2 Min. unter ständigem Rühren braten. Gemüsebrühe und Sahne angießen und mit Salz und Pfeffer würzen. 5 – 7 Min. unter häufigem Umrühren köcheln lassen. Parmesan reiben und etwa ⅓ davon zusammen mit den Erbsen in die Sauce rühren. Weitere 2 Min. kochen.

● Wenn die Pasta sehr bissfest ist, ½ Tasse vom Kochwasser abnehmen und die Pasta abgießen. Nudeln in die Sauce geben, gut durchrühren und noch etwa 2 Min. köcheln lassen. Falls es zu sehr eindickt, einen Schuss vom Kochwasser hinzugießen. Mit Salz und Pfeffer abschmecken. Basilikum in feine Streifen schneiden. Pasta mit Parmesan und Basilikum bestreuen.

Spaghetti »Carbonara« mit Lachs

» Spaghetti Carbonara ist das ideale Nudelgericht für kleinere Mengen, denn so kann sich die Sauce schnell mit allen Spaghetti vermischen, ohne dass Nudeln oder Sauce trocken werden. Falls es Lachsfilets mit Haut gibt, bitte zuschlagen – die Haut kannst du am Ende knusprig braten und dann dekorativ auf die Spaghetti setzen.

für 2 Portionen • geht schnell
🕑 15 Min.

200 g Dinkel-Vollkorn-Spaghetti • 100 g Lachsfilet (wenn möglich mit Haut) • 1 Knoblauchzehe • 1 EL Olivenöl • 1 Prise Chilipulver • Salz • 2 Eier • 40 g Parmesan • Pfeffer

● Nudeln nach Packungsanweisung kochen, bis sie nahezu al dente sind.

● Den Lachs waschen und trocken tupfen, falls vorhanden, Haut abziehen. Filet in kleine Würfel schneiden. Knoblauch schälen und fein hacken.

● Öl in einer großen Pfanne erhitzen und Lachs und Knoblauch darin braten. Mit Chili bestäuben und leicht salzen.

● Gekochte Nudeln in die Pfanne geben, mit Lachsstückchen mischen und noch 2 Min. garen. Die Lachshaut in einer kleinen Pfanne knusprig braten.

● In einer ausreichend großen Schüssel Eier verquirlen. Parmesan reiben und mit den Eiern verschlagen. Mit Salz und Pfeffer würzen. Nudeln und Lachs in die Schüssel füllen und schnell mit der Eimasse mischen. In Teller geben und mit Pfeffer bestreuen.

Soba-Nudeln mit Sesamsauce

» Ab sofort dauert es länger, die Nudelpfanne beim Lieferservice zu bestellen, als sie selbst zu kochen. Außerdem ist sie frei von Glutamat und trotzdem voll Geschmack. Japanische Soba-Nudeln aus Buchweizen haben einen ganz besonderen nussigen Geschmack, zur Not gehen aber auch Dinkel-Vollkornnudeln. Schmeckt auch toll mit grünem Spargel statt Schoten.

für 2 Portionen • gelingt leicht
🕑 20 Min.

2 Lauchzwiebeln • 100 g Räuchertofu • Öl zum Braten • 1 TL Sesamsaat • 120 g Soba-Nudeln • 100 g Zuckerschoten • 1 kleine Knoblauchzehe • 1 Stück Ingwer, ca. 1 cm • 2 EL Tahin • 2 EL Sojasauce • 1 EL Apfelessig • 1 Prise Cayennepfeffer • 50 ml heißes Wasser

● Lauchzwiebeln in Ringe, Tofu in Würfel schneiden. Beides in etwas Öl anbraten, mit Sesamsaat bestreuen und in der Pfanne warm halten. Soba-Nudeln nach Packungsanweisung garen.

● Zuckerschoten waschen und quer halbieren, 2 Min. vor Ende der Garzeit der Nudeln die Schoten dazugeben.

● Knoblauch und Ingwer grob hacken. Mit Tahin, Sojasauce, Essig und Cayennepfeffer pürieren, bis eine dickliche Masse entsteht. Langsam so viel heißes Wasser dazugießen, bis die Sauce dickflüssig ist.

● Soba-Nudeln und Schoten abgießen und mit Wasser abspülen. Abtropfen lassen, währenddessen die Sauce im Topf kurz erhitzen. Nudeln und Schoten zurück in den Topf geben und mit der Sauce vermischen. Mit Tofu, Lauchzwiebeln und Sesam bestreut servieren.

90 Schnelle Hauptgerichte

Reibekuchen mit Apfelmus

» Manchmal müssen es einfach süße Kindheitserinnerungen sein. Immer dienstags gab es Mittagessen bei meiner Oma (und immer donnerstags bei der anderen). Auf vielfachen, oder eher: auf ständigen Wunsch buk sie ganz oft Reibekuchen, Kartoffelpuffer, wie sie bei uns heißen. So oft, bis ich mich daran übergessen hatte und eine bestimmt zehnjährige Pause einlegte. Also viel zu lange! Hier ist eine feine Variante mit Süßkartoffeln.

für 2 Portionen • preisgünstig
⊘ 25 Min.

400 g Süßkartoffeln • 1 Zwiebel • 1 Ei • 2 EL Vollkornmehl • Salz • Pfeffer • Muskat, gemahlen • Kokosöl oder Butterschmalz zum Braten • 250 g Apfelmus (ohne Zuckerzusatz)

● Süßkartoffeln und Zwiebel schälen und fein reiben. Mit Ei, Mehl und Gewürzen gründlich vermischen.

● Öl oder Butterschmalz in einer großen Pfanne erhitzen und 8 handtellergroße Reibekuchen von jeder Seite ca. 3 Min. bei mittlerer Hitze ausbacken. Dabei vorsichtig mit zwei großen Pfannenwendern drehen, da sie relativ leicht auseinanderbrechen.

● Mit Apfelmus servieren.

◀ Gedünstetes Gemüse mit Ei

Gedünstetes Gemüse mit Ei

» Ein Kindheitsklassiker (gleich kommt noch einer!), und ein tolles Gericht für Tage, an denen es schnell gehen muss. Man merkt, wie sehr die Küche der Kindheit uns prägt. Mich inspiriert sie immer wieder, solche Klassiker neu zu gestalten. Die cleane Version für das Jahr 2016 besteht aus buntem, dampfgegartem Gemüse statt nur Kartoffeln, dazu eine Senfsauce mit Estragon und halbweichen Eiern statt hart gekochter.

für 2 Portionen • preisgünstig
⊘ 30 Min.

2 Möhren • 1 Pastinake • 2 Kartoffeln • 1 Kohlrabi • 1 kleiner Brokkoli • 3 Eier • 3 Stängel Estragon • 1 EL Butter • 2 EL Senf, mittelscharf • 50 ml Sahne • Salz • Pfeffer

● Möhren, Pastinake, Kartoffeln und Kohlrabi schälen und im Dampfgareinsatz etwa 20 Min. garen. Brokkoli putzen und in Röschen teilen, 5–7 Min. vor Ende der Garzeit zum restlichen Gemüse geben. Das Gemüse sollte bissfest sein.

● Eier ca. 6 Min. kochen, bis sie mittelweich sind.

● Estragon waschen und die Blättchen abzupfen. Blätter und Stiele mit Butter schmelzen und kurz ziehen lassen. Butter zum Schäumen bringen, Senf und Sahne einrühren, dann ca. 50 ml von der Kochflüssigkeit des Gemüses hinzufügen. 3 Min. köcheln lassen, die Sauce sollte dabei etwas eindicken. Stiele entfernen und die Sauce mit den Blättchen pürieren. Mit Salz und Pfeffer abschmecken.

● Eier pellen, halbieren und mit Gemüse und Senfsauce servieren.

Grünkohl-Frittata mit pikanter Salsa

>> Noch vor 10 Jahren hätte wohl niemand daran geglaubt, dass der altmodische Grünkohl eine solche Renaissance als Superfood der Extraklasse erleben sollte (Kalzium, Eisen, Vitamine A und K, viele Ballaststoffe und wenig Kalorien). Mittlerweile wandert er öfter in den Smoothie-Mixer als zusammen mit Kartoffeln und Kohlwurst in den Topf. Hier kommt er erst in die Pfanne, dann in den Ofen und zum Schluss mit leicht scharfer Salsa in den Bauch.

für 2 Portionen • preisgünstig
⊙ 15 Min. + 15 Min. Backzeit

- 200 g geputzter Grünkohl
- 1 Zwiebel
- 2 kleine Knoblauchzehen
- 1 TL Butter
- Salz
- Pfeffer
- 1 Prise Muskat, gerieben
- ½ TL Paprikapulver, scharf
- 100 ml Sahne
- 3 Eier
- 50 g Feta
- 1 TL Apfelessig
- 100 g Kirschtomaten
- ¼ rote Chili

● Den Backofen auf 180 °C (Umluft 160 °C) vorheizen.

● Grünkohl waschen und trocken schleudern, ggf. etwas zerkleinern.

● Zwiebel schälen und halbieren, eine Hälfte fein hacken, die andere in feine Streifen schneiden. Eine Knoblauchzehe schälen und in feine Streifen schneiden. Zwiebel- und Knoblauchstreifen mit Butter in eine ofenfeste Pfanne geben und bei milder Hitze leicht glasig anbraten.

● Grünkohl dazugeben und unter Rühren anbraten, bis die Blätter zusammengefallen sind. Leicht salzen, pfeffern und mit Muskat würzen. Die Sahne angießen und alles ca. 5 Min. köcheln lassen.

● Eier verschlagen, etwas pfeffern. Feta in Würfel schneiden. Eier über das Gemüse gießen, die Pfanne vom Herd nehmen. Feta über der Eiermasse verteilen und alles im Backofen etwa 15 Min. stocken lassen.

● Für die Salsa die Zwiebelwürfel mit Apfelessig mischen. Tomaten waschen und fein würfeln. Chili waschen, entkernen und Samenfäden entfernen, dann fein hacken. Die andere Knoblauchzehe schälen und fein hacken. Alles mit Zwiebelwürfeln mischen, leicht salzen und pfeffern. 2 EL abnehmen und pürieren, dann wieder unter die Salsa rühren. Salsa zur Frittata servieren.

Kartoffelsalat mit pochiertem Ei

>> Nichts gegen Omas Kartoffelsalat. Einmal im Jahr muss er sein, mit Mayo, Gürkchen, hart gekochten Eiern und Würstchen. Aber er ist nicht nur aufwendig und braucht lange, bis er ordentlich durchgezogen ist, kalorientechnisch ist er auch eine echte Wuchtbrumme. Da mache ich es doch lieber »green & clean« mit diesem schnellen Kartoffelsalat, der sich in grüne Kräuter kleidet und sich ein Hütchen aus einem pochiertem Ei aufsetzt.

für 2 Portionen • preisgünstig
⏲ 20 Min.

500 g festkochende Kartoffeln (400 g geschält) • 3 EL Olivenöl • ½ EL Apfelessig • 2 TL Senf, mittelscharf oder körnig • 3 EL gehackte Kräuter (z. B. Petersilie, Schnittlauch, Kerbel, Kresse – am einfachsten sind TK-Kräuter) • 1 kleine Schalotte • Salz • Pfeffer • 2 Eier

● Kartoffeln schälen und in mundgerechte Stücke schneiden. In Salzwasser oder im Dämpfeinsatz garen.

● Öl, Essig, Senf und Kräuter verrühren. Schalotte schälen und sehr fein hacken oder reiben. Zum Dressing geben und mit Salz und Pfeffer würzen.

● In einem zweiten Topf Wasser zum Kochen bringen, die Hitze zurückschalten. Die Eier einzeln in eine Kelle oder kleine Schale aufschlagen und nacheinander in das Wasser gleiten lassen. Mit einem Löffel das Eiweiß behutsam um das Eigelb legen. Eier etwa 4 Min. ziehen lassen, dann herausheben.

● Kartoffeln abgießen, kurz ausdampfen lassen und mit dem Dressing mischen. Mit den pochierten Eiern servieren.

Pfannkuchen-Wraps mit Pesto

>> Gehen schnell und gehen immer: Pfannkuchen, Eierkuchen, Palatschinken, Eierpuffer – egal wie sie heißen. Meist sind sie eher süß unterwegs mit ihrem Kumpel Apfelmus, aber auch herzhaft schmecken sie köstlich. Und sie sind ein klassisches »Rumfort«-Gericht: liegt rum, muss fort. Sprich: Alles Gemüse, was sich nur noch in Resten im Kühlschrank aufhält, wird gegart oder auch roh in die Kräuterpfannkuchen eingewickelt.

für 2 Portionen • gelingt leicht
⏲ 25 Min.

2 Möhren • 1 Zucchini • 4 Salatblätter • 75 g Dinkel-Vollkornmehl • Muskat • schwarzer Pfeffer • Salz • 2 EL gehackte Kräuter • 100 g Sprudelwasser • 1 Ei • Olivenöl zum Braten • 2 EL Pesto Rosso (Seite 80) • 20 g Parmesan

● Möhren schälen, Zucchini waschen. Beides mit dem Sparschäler längs in dünne breite Streifen schneiden. Salatblätter waschen und trocknen.

● Mehl mit Gewürzen mischen und mit Kräutern und Sprudelwasser glatt verrühren. Ei unterrühren.

● Eine Pfanne mit etwas Öl auspinseln und nacheinander 4 Pfannkuchen ausbacken. Zur Seite stellen. Einen weiteren TL Öl erhitzen und die Möhren- und Zucchinischeiben darin etwas weich braten.

● Pfannkuchen mit je ½ EL Pesto bestreichen und mit Salat und Gemüse belegen. Parmesan darüberreiben. Die Pfannkuchen zu Wraps aufrollen.

Tom Yam Gung

》 Da ist er wieder, der Asia-Express! Tatsächlich sind viele asiatische Gerichte echte Schnellkoch-Wunder: Nach ein paar Minuten Schälen, Hacken und Schnippeln kommt alles in die Pfanne und steht dann nach kurzer Zeit auf dem Tisch. Die Garnelen sollten allerdings nicht gefroren sein, also am besten schon morgens aus dem Tiefkühlfach nehmen.

für 2 Portionen • geht schnell
⊘ 15 Min.

½ Bund Koriander mit Wurzeln • 500 ml klare Gemüse- oder Hühnerbrühe • 1 Stück Galgant, ca. 4 cm • 2 Stängel Zitronengras • 4 Kaffir-Limetten-Blätter (aus dem Asia-Laden) • 4 Champignons • 8 reife Cherrytomaten • 1 TL Chilipaste (z. B. Sambal Oelek) • 200 g geschälte, ungekochte Garnelen • 1 – 2 EL Fischsauce oder Sojasauce • 1 EL Limettensaft

● Korianderwurzeln vom Grün trennen, mit einem breiten Messer schaben und im Mörser etwas zerstoßen. Brühe mit den Wurzeln aufkochen.

● Galgant schälen und in Streifen schneiden, Zitronengras in 5 cm lange Stücke schneiden. Limettenblätter 2-mal einreißen. Alles zur Brühe geben. Hitze reduzieren und 3 Min. köcheln.

● Champignons vierteln, Tomaten halbieren. Mit der Chilipaste unter die Suppe rühren und 2 Min. köcheln. Anschließend Garnelen in der leicht simmernden Suppe etwa 3 Min. gar ziehen lassen.

● Suppe mit Fischsauce und Limettensaft abschmecken und mit Koriandergrün bestreuen. Zitronengras, Galgant und Limettenblätter werden zwar mitserviert, aber nicht gegessen.

Tomaten-Spinat-Eintopf mit Orzo

》 Für die seelenschmeichelnde und bauchwärmende Wohlfühlküche wende ich mich immer wieder gern der italienischen Küche zu. Der Geruch von schmurgelnden Tomaten, Gemüse und Kräutern ruft jedes Mal ein »mmmhhh« hervor, und dazu die Frage: »Dauert es noch lange?« Nein, gar nicht! Dieser Nudeltopf ist in einer knappen halben Stunde fertig. Molto buono.

für 2 Portionen • gut vorzubereiten
⊘ 30 Min.

1 Zwiebel • 2 Knoblauchzehen • 1 Möhre • ½ Fenchelknolle • 4 Champignons • 50 g in Olivenöl eingelegte Tomaten + 2 EL aromatisiertes Öl • je 1 Zweig Rosmarin, Thymian, Oregano • 50 g Vollkorn-Orzo (kleine reisfömige Nudeln oder andere sehr kleine Vollkornpasta) • 500 ml Gemüsebrühe • 1 Dose gehackte Tomaten • Salz • Pfeffer • 100 g Spinat

● Zwiebel und Knoblauch schälen und fein hacken. Möhre und Fenchel putzen und würfeln, Champignons putzen und in Scheiben schneiden.

● Aromatisiertes Öl erhitzen und die Zwiebel- und Knoblauchwürfel darin bei mittlerer Hitze glasig braten. Gemüse und Kräuterzweige dazugeben und alles unter Rühren etwa 5 Min. braten.

● Eingelegte Tomaten und Orzo hinzufügen. Gemüsebrühe und gehackte Tomaten angießen und aufkochen. Dann mit geschlossenem Deckel 15 – 20 Min. bei kleiner Hitze köcheln, bis Gemüse und Orzo gar sind.

● Mit Salz und Pfeffer abschmecken und den Spinat unterrühren.

❯❯ Tom Yam Gung

Nudelsuppe »Miso Style«

Beim Japaner gibt es für mich zwei Must-haves: Edamame und Miso-Suppe. Letztere ist eins meiner »Respekt-Gerichte«. Kennst du das? Wenn dir Sachen woanders so gut schmecken, dass du nicht glaubst, sie selbst auch so hinzukriegen? So geht es mir mit richtiger Miso-Suppe. Allerdings hindert es mich nicht daran, fröhlich eine japanisch inspirierte Suppe zu kochen, in der Miso, eine Paste aus fermentierten Sojabohnen, enthalten ist.

für 2 Portionen • gelingt leicht
⊘ 20 Min.

- ½ Chilischote
- 10 g Ingwer
- 1 Knoblauchzehe
- 1 Stängel Zitronengras
- 2 EL Misopaste
- 2 TL Sojasauce
- 100 g grüne Bohnen
- 2 kleine Möhren
- ½ Stange Lauch
- 4 braune Champignons oder Shiitake-Pilze
- ½ Bund Koriander
- 75 g Soba-Nudeln
- 2 TL Sesam

● Chili waschen, Kerne und Samenfäden entfernen und fein hacken. Ingwer und Knoblauch schälen und fein hacken. Zitronengras der Länge nach halbieren und mit dem Messer anquetschen.

● 750 ml Wasser zum Kochen bringen. Misopaste mit etwas heißem Wasser glattrühren und ins Wasser geben. Sojasauce, Chili, Ingwer, Knoblauch und Zitronengras hinzugeben. Topf von der Herdplatte nehmen und eine Weile ziehen lassen.

● Bohnen putzen, evtl. halbieren. In leicht gesalzenem kochendem Wasser etwa 8 Min. garen, dann herausnehmen.

● Möhren, Lauch und Pilze putzen. Möhren mit dem Sparschäler in schmale Streifen schneiden. Lauch in ca. 5 cm lange Stücke teilen und diese dann mit dem Messer in feine Streifen schneiden. Pilze vierteln. Koriander hacken.

● Soba-Nudeln nach Packungsanleitung kochen.

● Währenddessen alles Gemüse ins Miso-Wasser geben und etwa 5 Min. erhitzen, aber nicht kochen. Nudeln abgießen, zur Suppe geben und mit Koriander und Sesam bestreut servieren.

Gebratener Tofu mit Sesamspinat und Möhren

» Tofu, du Veganizer. Wir beide führen ja so etwas wie eine kulinarische Fernbeziehung: Ich mag dich zwar gern, aber wirklich häufig sehen wir uns nicht in der Küche. Aber wenn, dann macht es Spaß und schmeckt, wie diese Tofu-Gemüse-Kombination mit Sesam. Mit etwas mehr Zeit kann der Tofu (oder Tempeh, schmeckt auch gut!) erst 30 Minuten in der Sauce mariniert und dann im Ofen in 20 Minuten knusprig gebacken werden.

für 2 Portionen • gelingt leicht
⊘ 30 Min.

- 1 Knoblauchzehe
- 2 TL Reisessig
- 2 EL Sojasauce
- ½ TL Ahornsirup
- 2 EL Nussöl, z. B. Madacamia-Öl

- 200 g Tofu
- 1 EL + 1 TL Kokosöl
- 1 EL Sesamsaat
- 3 Möhren (ca. 250 g)
- 1 Lauchzwiebel

- 100 g frische Spinatblätter
- Salz
- Pfeffer
- etwas Nuss- oder Sesamöl zum Beträufeln

● Knoblauch schälen und sehr fein hacken bzw. pressen. Mit Reisessig, Sojasauce, Ahornsirup und Nussöl verrühren.

● Tofu in Würfel oder 1 cm dicke Scheiben schneiden. In 1 EL Kokosöl rundum anbraten, dann mit der Marinade begießen und 1 Min. bei mittlerer Hitze köcheln lassen. Von der Herdplatte nehmen und ziehen lassen.

● Sesam ohne Fett anrösten, bis die Körner springen. In ein Schälchen füllen.

● Möhren schälen und in schmale, ca. 5 cm lange Stifte schneiden. Lauchzwiebel putzen und in Ringe schneiden, dabei möglichst viel vom Grün nutzen. Spinat waschen und trocken schleudern.

● 1 TL Kokosöl erhitzen und die Möhren bei mittlerer Hitze anbraten, bis sie etwas weich geworden sind, dann die Zwiebelringe hinzufügen und unter gelegentlichem Rühren braten. Die Möhren sollten noch leicht Biss haben. Leicht salzen und pfeffern. Herausnehmen und warm halten. Den Spinat in die Pfanne geben und zusammenfallen lassen.

● Tofu-Würfel, Möhren und Spinat auf Tellern anrichten, mit geröstetem Sesam bestreuen und mit etwas Nuss- oder Sesamöl beträufeln.

We are Family –
Clean Eating mit Kindern

Es soll sie ja geben, diese Bilderbuch-Familien, in denen alle Familienmitglieder, vom Baby bis zum Großvater, glücklich gemeinsam am Tisch sitzen und mit Begeisterung Brokkoli essen. Mit Nachschlag! Leider sieht die Realität meist anders aus.

Allein oder zu zweit ist eine Ernährungsumstellung vor allem eine Frage der Einstellung. Aber Kinder mit ihren oft ganz speziellen Ansprüchen ans Essen für ein neues gesundes Ernährungskonzept zu begeistern, scheint einer schier unlösbaren Heldentat für Mütter und Väter gleichzukommen. Es gibt eine Reihe von Tipps und Tricks, die dabei helfen, Kindern »echtes Essen« nahezubringen. Die beiden wichtigsten sind gleichzeitig die herausforderndsten: Geduld zeigen und Vorbild sein.

Geduld zeigen: Schnelle Erfolge sind bei Kindern leider nicht zu erwarten. Schritt für Schritt vorzugehen ist sinnvoller als eine radikale Umstellung, denn gerade kleinere Kinder wollen und brauchen Verlässlichkeit. Eine neue Mahlzeit pro Woche reicht. Und nicht entmutigen lassen: Es braucht oft zehn oder mehr Anläufe, bis ein neues Gemüse akzeptiert wird. Das ist völlig normal. Zur Entspannung gehört auch, sich nicht auf ein bestimmtes Nahrungsmittel zu versteifen. Dein Kind mag keinen Brokkoli? Schade – aber es gibt so viel anderes Gemüse, das mindestens genauso gut ist.

Vorbild sein: Kinder lernen durch Vormachen und Nachahmen. Wenn Papa demonstrativ kein Gemüse isst, warum sollte der Junior das dann tun? Wenn Mama lieber Schokolade nascht als Obst, dann scheint das doch gut zu sein, oder? Wir lernen die Grundlagen unserer Essgewohnheiten im Kindesalter. Daher können Eltern gar nicht früh genug anfangen, ein gutes und gesundes Vorbild abzugeben.

Küchenschrank aufräumen: Was nicht da ist, kann auch nicht gegessen werden. Also fort mit süßen und meist auch viel zu salzigen Snacks. Lieber Gemüsesticks zum Knabbern anbieten!

Wochenplan (Seite 21) erstellen: Die Frage »Was soll ich kochen?« stresst umso mehr, je mehr Menschen am Tisch sitzen und womöglich hungrig mit dem Besteck klappern. Der Wochenplan macht Schluss mit dem täglichen Überlegen. Ein weiterer Vorteil: Wenn klar ist, was gekocht werden soll, können Aufgaben von Anfang an verteilt werden.

Kinder mit einbeziehen: Wenn Kinder mitentscheiden können, was es zu essen gibt, und bei der Zubereitung eingebunden werden, zeigen sie sich oft erstaunlich kooperativ. Es gibt nur eine Mahlzeit für die ganze Familie, alle essen das Gleiche. Dabei gibt es keine Extras, von Unverträglichkeiten natürlich abgesehen.

Allein einkaufen: Erledige, wenn möglich, den Einkauf ohne deine kleineren Kinder. Aber dafür nie ohne Einkaufszettel.

Cleane Varianten: Erprobte Familiengerichte kannst du nach und nach durch cleane Varianten ersetzen. Das können einfache, kleine Schritte sein, z. B. helle Pasta durch Vollkornnudeln ersetzen, den Gemüseanteil erhöhen und den Fleischanteil reduzieren, Brotaufstriche selbst herstellen, usw.

Wasser ist das Getränk der Wahl. Softdrinks und Säfte sind Ausnahmen. Sie sind ungesund, teuer und löschen den Durst nicht.

Süßes: Es ist besser, Süßes nicht grundsätzlich zu verbieten, sondern lieber maßvoll damit umzugehen, z. B. durch einen festgelegten »Süß-Tag« in der Woche. Verbote machen Süßigkeiten nur noch verlockender.

Viele Esser, viele Lebensmittel, viel Geld?

Klar, für eine Familie zu kochen ist teurer als für einen. Daher lohnt es sich wirklich, in größeren Mengen zuzugreifen, wenn gute Lebensmittel besonders günstig sind, also bei Obst und Gemüse vor allem in der Saison. Die meisten Produkte können ohne weiteres eingefroren werden. Beim Fleisch sind die günstigeren Teilstücke nicht schlechter als die teuren, sie müssen eben nur anders zubereitet werden. Ein Schmorgericht braucht kein Filet – dafür kann aber viel saisonales Gemüse verwendet werden.

Ein ganzes Hähnchen ist im Vergleich zum Filet günstiger und lässt sich für mehrere Mahlzeiten verwenden.

Kochen für die Familie verlangt oft viel Kreativität – einer mag keine Äpfel, die andere ist mitten in der Paprika-Verweigerungsphase und der Nächste findet Spinat »voll eklig«. Leider gibt es dagegen kein Patentrezept, außer Geduld und langem Atem. Im extremen Fall kannst du deinen Kindern Gemüse »unterschieben«, z. B. gerieben in Hackbällchen oder in Tomatensauce eingekocht, wobei das natürlich nicht das Problem an sich löst. Der Hinweis darauf, wie wichtig und gesund Gemüse sei, ist übrigens eher kontraproduktiv, haben Wissenschaftler herausgefunden.

Problemzone »Draußen«

Elterliche Bemühungen stoßen an ihre Grenzen, sobald die Kinder durch die Haustür gehen. Zu Hause kann noch so gesund und clean gekocht werden, wenn in Kita, Schule oder Hort mit Fertigprodukten gearbeitet wird, kann man als Eltern selten wirklich etwas ändern. (Falls du aber Einfluss nehmen kannst, engagiere dich auf jeden Fall!) Deswegen ist es umso wichtiger, daheim gesund und abwechslungsreich zu kochen, um den Kindern eine gute Basis zu vermitteln und »echtes Essen« selbstverständlich werden zu lassen. Dann wird die Zuckerschlacht auf Geburtstagsfeiern kein Dauerzustand, sondern eben eine Ausnahme.

Buddha-Bowl mit Tempeh und Avocado-Dressing

» Was so fernöstlich-spirituell klingt, ist die Sattmacher-Salat-Version 2.0: Eine Schüssel, die so voll mit köstlichen Zutaten ist, dass sie sozusagen einen runden Buddha-Bauch hat. Hier ist alles vereint: Grünzeug, Kohlenhydrate, Proteine, Vitamine, »Leckerine«. Sie ist schnell zusammengestellt, sodass du dann tief durchatmen und mit Ruhe und mit einem guten, zufriedenen Gefühl im Bauch essen kannst.

für 2 Portionen • gut vorzubereiten
⊘ 20 Min.

- 200 g Tempeh
- ½ Orange
- 10 g Ingwer, frisch
- 1 EL Sojasauce
- 2 TL Kokosöl
- 4 dünne Stangen grüner Spargel (in der Saison)

- 100 g gekochte Kichererbsen
- 2 Handvoll Spinat
- 1 Möhre
- ½ gelbe Paprikaschote
- 150 g kleine Kirschtomaten
- 1 Tasse gekochter Vollkorn-Couscous (nach Belieben)

- ½ Avocado
- 1 TL Olivenöl
- 2 TL Wasser
- Paprikapulver

● Tempeh in 1 cm dicke Scheiben schneiden. Orange auspressen. Ingwer schälen und fein hacken, mit Sojasauce und Orangensaft mischen. Tempeh in 1 TL Kokosöl von beiden Seiten kross braten, dann mit der Sojasaucen-Mischung begießen, vom Herd nehmen und ziehen lassen.

● Spargel waschen, die Enden abschneiden. Der Länge nach halbieren und in 1 TL Kokosöl anbraten, bis er weich, aber noch bissfest ist.

● Kichererbsen abspülen und abtropfen lassen. Spinat waschen und trocken schleudern. Möhre schälen und in dünne Streifen schneiden. Paprika waschen und in feine Streifen schneiden. Tomaten waschen und halbieren. Gemüse mit Couscous in einer großen Schale anrichten, Spargel und marinierten Tempeh dazugeben.

● Avocado-Fruchtfleisch fein zerdrücken und mit Olivenöl und Wasser verrühren. Mit Paprika würzen und als Dressing über den Salat träufeln.

Nudelsalat mit Räucherforelle

» Wenn nichts mehr geht, geht immer noch Nudelsalat. Statt schwerer Mayonnaise sorgt hier Avocado für die cremige Salatsauce, Zitrone und Tabasco frischen alles noch mal auf. Falls du nicht so gern Räucherforelle magst, schmeckt der Salat auch mit gegartem Hähnchenfleisch. Oder vegetarisch mit einer Handvoll halb getrockneter Tomaten. Ach Nudelsalat, was wären wir ohne dich?

für 2 Portionen • gelingt leicht
⊘ 20 Min.

150 g kurze Vollkornpasta, z. B. Hörnchennudeln • 1 Räucherforellenfilet • ½ Gurke • 2 EL Olivenöl • Salz • Pfeffer • ½ Avocado • Zitronensaft • Tabasco • 50 g Fetakäse • 3 Zweige Dill

● Nudeln nach Packungsanweisung bissfest kochen, dann kalt abbrausen. In eine Schüssel geben. Forellenfilet zerrupfen. Gurke in Würfel schneiden. Mit den Nudeln, 1 EL Olivenöl, etwas Salz und Pfeffer mischen.

● Avocadofleisch mit Zitronensaft und einem Spritzer Tabasco zerdrücken. Mit 1 EL Olivenöl, Salz und Pfeffer verrühren und unter den Salat mischen.

● Feta zerkrümeln und unterheben. Mit Salz, Pfeffer, Zitronensaft und evtl. noch etwas Tabasco abschmecken. Dill hacken und über den Salat streuen.

Scharfer Gurken-Mango-Salat

» Obst in Salaten oder in herzhaften Gerichten? Eigentlich nicht so mein Ding. Allerdings passt gerade zu asiatisch inspiriertem Essen eine süßliche Komponente sehr gut, wie hier die Mango. Der heiß geräucherte Fisch ist eine norddeutsche Dreingabe, aber das leicht scharfe Dressing aus Sojasauce, Reisessig und Koriander sorgt für immer noch genug Asia-Feeling, genau wie die Basis aus Reisnudeln.

für 2 Portionen • geht schnell
⊘ 15 Min.

200 g Vollkorn-Reisnudeln (z. B. Bifun-Nudeln von Arche) • 2 EL + 1 TL mildes Nussöl, z. B. Macadamia-Öl • 1 Schalotte • 1 kleine Knoblauchzehe (optional) • ½ rote Chili • ½ Limette • 2 TL Reisessig oder Apfelessig • 1 EL Sojasauce • 1 TL Ahornsirup • ½ Mango • 1 Gurke • 2 heiß geräucherte Lachsfilets (z. B. Stremel), ca. 200 g • 4 Stängel Koriander

● Nudeln nach Packungsanweisung garen, abgießen und mit 1 TL Öl mischen.

● Schalotte und Knoblauch schälen und fein würfeln. Chili waschen, Kerne und Samenfäden entfernen. Fein hacken. Limettenschale abreiben, Saft auspressen. Mit Essig, Sojasauce, Ahornsirup und 2 EL Öl verrühren.

● Mango und Gurke schälen und in kleine Würfel schneiden. Mit dem Dressing vermischen.

● Lachsfilets etwas zerrupfen oder in kleinere Stücken schneiden. Koriander waschen und trocknen.

● Nudeln auf zwei Teller verteilen, Gurken-Mango-Salat und Fisch daraufsetzen und mit Koriander garnieren.

102 Schnelle Hauptgerichte

Schnelle Gurken-Hackfleisch-Pfanne

» Dies ist ein ideales »Reis-teil-Gericht«: Da das Reiskochen oft das Zeitaufwendigste bei vielen Gerichten ist, koche ich meist die doppelte Menge Reis und habe so für den nächsten Tag gleich eine Beilage. Mit dem fertigen Reis geht es dann ratzfatz, bis ein nach Fernost duftendes Gericht auf dem Tisch steht. Meine Jungs mögen (natürlich) am liebsten das krümelige Hack, ich stehe total auf die geschmorte Gurke.

für 2 Portionen • gelingt leicht
⊘ 25 Min.

1 große Salatgurke • 15 g Ingwer, frisch • 2 Lauchzwiebeln • 3 Stängel Dill (oder 1 TL TK-Dill) • ½ kleine Chilischote • 2 TL Kokosöl • 2 TL Sojasauce • 250 g gemischtes Hackfleisch • Pfeffer • 150 g gekochter Vollkornreis

● Gurke schälen, der Länge nach halbieren, die Kerne entfernen und in etwa ½ cm breite Scheiben schneiden. Ingwer schälen und fein hacken. Lauchzwiebeln in feine Ringe schneiden, dabei das Grüne vom Weißen trennen. Dill fein hacken. Chili in Ringe schneiden.

● 1 TL Öl in Pfanne oder Wok erhitzen. Gurken und Ingwer unter Rühren etwa 5 Min braten, die Gurken sollten noch leicht Biss haben. Das Grün der Zwiebel dazugeben. Mit Sojasauce ablöschen. Mit dem gehackten Dill in eine Schüssel geben und vermischen. Warm halten.

● 1 TL Öl erhitzen. Das Hackfleisch mit dem Weiß der Lauchzwiebeln und den Chiliringen anbraten, dabei öfter rühren, bis das Hack krümelig ist. Mit Sojasauce und Pfeffer pikant abschmecken.

❮ Grüner Salatteller

Grüner Salatteller

» Klar sollen wir (natürliche) Lebensmittel in allen Farben essen, aber manchmal mag der kleine Neat Freak in mir ein monochromes Farbenspiel auf dem Teller. Das passt auch, denn ein Clean-Eating-Prinzip heißt ja, frei formuliert: viel Grünzeug essen! Nimm also alles, was grün und gesund ist, beträufle es mit etwas Kräuterdressing und iss eine dicke Scheibe Vollkornbrot dazu.

für 2 Portionen • geht schnell
⊘ 15 Min.

2 Handvoll Spinat, Wildkräuter oder anderer grüner Salat • 50 g grüne Erbsen (frisch oder gefroren) • ½ grüne Paprikaschote • 2 grüne Tomaten • ½ Gurke • ½ Fenchelknolle • ½ grüner Apfel • ½ Avocado • 1 Lauchzwiebel • 2 EL Sprossen oder Kresse • 1 TL Zitronensaft • 1 EL gehackte TK-Kräuter • Salz • Pfeffer • 2 EL Olivenöl

● Spinat oder Salat waschen und trocken schleudern, in grobe Stücke schneiden. TK-Erbsen 2 Min. in kochendem Wasser auftauen, abgießen.

● Paprika, Tomaten, Gurke, Fenchel und Apfel in schmale Scheiben schneiden. Avocado in der Schale in Streifen schneiden und das Fruchtfleisch mit einem großen Löffel herausheben. Lauchzwiebel in feine Ringe schneiden. Sprossen waschen. Alles auf einem großen Teller oder einer Servierplatte anrichten.

● Zitronensaft mit Salz, etwas Pfeffer und den Kräutern verrühren. Olivenöl unterschlagen und das Dressing über die Salatzutaten träufeln.

Tipp Es sieht besonders schön aus, wenn die Zutaten nicht gemischt, sondern jede für sich auf der Salatplatte liegen.

Koteletts mit Tomaten-»Bruschetta«

›› Solche Gerichte mag ich: Alles wird in einer Pfanne gegart und serviert, und hinterher wird die leckere Schmorsauce mit einem Stück Brot aufgetunkt. Zwischen die klassischen Bestandteile der Bruschetta, Brot und frische Tomaten, wird hier ein knusprig gebratenes Kotelett gelegt. Ein schönes Gericht für den Spätsommer.

für 2 Portionen • gelingt leicht
◷ 20 Min.

2 Schweinekoteletts • Salz • Pfeffer • 200 g kleine Tomaten • 2 Knoblauchzehen • 1 Zwiebel • Olivenöl • 2 Scheiben Weizen-Vollkornbrot oder Sauerteigbrot • Balsamessig • 2 Zweige Basilikum

● Koteletts waschen und trocken tupfen. Salzen und pfeffern.

● Tomaten waschen und würfeln. Knoblauchzehen schälen, eine längs halbieren, die zweite pressen. Zwiebel schälen und in Streifen schneiden.

● In einer großen Pfanne 2 EL Öl erhitzen. Die Koteletts mit den Brotscheiben von beiden Seiten anbraten. Brot herausnehmen. Zwiebeln, gepressten Knoblauch und Tomaten in die Pfanne geben, mit einer Prise Salz, etwas Pfeffer sowie einem Spritzer Balsamessig würzen. Alles etwa 5 Min. schmoren lassen.

● Die Brotscheiben mit Knoblauch einreiben. Basilikumblätter abzupfen und in Streifen schneiden.

● Jeweils eine Scheibe Brot mit einem Kotelett belegen und mit Tomaten bedecken. Mit Basilikum bestreuen und mit etwas Olivenöl beträufeln.

Fischfilet in Oliven-Rosmarin-Sauce

›› Das ist eine recht ungewöhnliche, aber sehr leckere Kombination: heller, knusprig gebratener Fisch, schwarze Oliven, Rosmarin und ein bisschen Süße durch Orangensaft. Dem Fisch bekommt die kurze Garzeit sehr gut, und dem Hungrigen auch: das Gericht steht in 20 Minuten auf dem Tisch, und sogar ein Salat ist dabei.

für 2 Portionen • geht schnell
◷ 20 Min.

2 helle Fischfilets mit Haut, z. B. Zander • Salz • Pfeffer • 1 kleine rote Zwiebel • 1 Knoblauchzehe • 50 g schwarze Oliven, entkernt • 2 Rosmarinzweige • 1 Orange • 2 Handvoll Blattsalat • 2 EL Olivenöl

● Fisch feucht abtupfen und auf der Hautseite leicht salzen und pfeffern. Zwiebel und Knoblauch schälen und in feine Streifen schneiden. Oliven halbieren. Rosmarin waschen, trocknen und halbieren. Orange auspressen. Salat waschen, trocken schleudern und zerkleinern.

● 1 EL Olivenöl in einer nicht zu kleinen Pfanne erhitzen und die Fischfilets auf der Hautseite scharf anbraten. Nach etwa 2 Min. die Zwiebel- und Knoblauchscheiben dazugeben und weitere 2 Min. braten, dabei leicht rühren. Fisch vorsichtig umdrehen. Oliven und Rosmarin dazugeben. Fischfilets je nach Dicke auf der 2. Seite ebenfalls 4 Min. braten. Die Hälfte des Orangensafts zum Fisch geben, Pfanne vom Herd ziehen und kurz ziehen lassen.

● Restlichen Orangensaft mit 1 Prise Salz und etwas Pfeffer verrühren und 1 EL Olivenöl unterschlagen. Mit Salat mischen. Mit Fischfilets und Gemüse servieren.

❯❯ Koteletts mit Tomaten-Bruscetta

HAUPTGERICHTE FÜRS WOCHENENDE

Wenn du am Wochenende viel Lust auf ausgiebiges Kochen, auf Schälen, Schmoren und Braten hast, dann probiere die feinen Gerichte aus diesem Kapitel. Neu gestaltete Kindheitsklassiker sind ebenso dabei wie asiatisch inspirierte Rezepte, wärmendes Soulfood oder auch raffinierte Fleischgerichte. Eben echte Sonntagssachen.

◊ Auberginenbällchen mit Tomatensauce (Rezept Seite 109)

Gefüllte Paprika mit Quinoa

>> Bei gefüllten Paprikaschoten geht mir immer das Herz auf, so sehr sind sie mit lauten und (meist) fröhlichen Familienmahlzeiten verbunden. Da unsere Mütter und Großmütter die besten klassischen Paprikaschoten machen, können wir uns auch an eine neue Variante wagen: ohne Hack und Reis, dafür mit Quinoa, Gemüse und Hähnchen. Durch die relativ kurze Garzeit bleibt die Paprika knackig und gibt einen schönen Kontrast zur Füllung.

für 2 Portionen • gelingt leicht
⊘ 30 Min. + 25 Min. Backzeit

- 100 g Quinoa
- Meersalz
- 1 Zwiebel
- 1 Knoblauchzehe
- 1 kleines Hähnchenbrustfilet (ca. 150 g)

- 150 g Pilze (z. B. Champignons)
- 1 Handvoll Gemüse nach Wahl (z. B. Zucchini, Brokkoli, Paprika)
- 1 Handvoll Spinatblätter
- Öl zum Anbraten
- schwarzer Pfeffer

- 1 Dose gehackte Tomaten
- ½ TL Kreuzkümmel, gemahlen
- 1 Prise Zimt, gemahlen
- 1 TL Paprikapulver, scharf
- ½ Bund Petersilie
- 2 große rote Paprikaschoten

● Quinoa gründlich mit heißem Wasser spülen. In 1 Tasse Wasser mit 1 Prise Salz aufkochen, etwa 20 Min. köcheln.

● Zwiebel und Knoblauch schälen und fein hacken. Hähnchenbrust waschen und trocken tupfen, in kleine Würfel schneiden. Pilze putzen, in Scheiben schneiden. Gemüse waschen und klein schneiden. Spinat waschen und trocken schleudern.

● 1 TL Öl erhitzen, Zwiebel und Knoblauch darin anschwitzen. Die Hähnchenwürfel zugeben und anbraten. Mit Salz und Pfeffer würzen und in einer Schüssel beiseitestellen. Mit je 1 TL Öl erst die Pilze, dann Spinat und Gemüse braten. Zum Hähnchen geben.

● Tomaten in der Pfanne erhitzen, mit Salz, Pfeffer, Kreuzkümmel, Zimt und Paprika würzen. Die Hälfte zum Gemüse geben. Quinoa abgießen und mit dem Gemüse und der Tomatensauce mischen. Petersilie hacken und ebenfalls untermischen.

● Den Backofen auf 180 °C (Umluft 160 °C) vorheizen.

● Paprikaschoten waschen, einen »Deckel« abschneiden und die Samen entfernen. Mit einer Gabel ein paar Mal von innen einstechen. Mit dem Quinoa-Gemüse-Mix füllen, Deckel auflegen, in eine Auflaufform setzen und 25 Min. im Ofen garen.

● Die restliche Sauce erhitzen, noch einmal scharf mit Paprika abschmecken und zu den gefüllten Paprikaschoten servieren.

Hauptgerichte fürs Wochenende

Auberginen-Bällchen mit Tomatensauce

» Die vielseitige Aubergine macht hier gemeinsame Sache mit Kichererbsen, und aus dieser Liaison entstehen Bällchen, die ihren fleischigen Verwandten Konkurrenz machen. Am besten schmecken die Auberginenbällchen frisch aus dem Ofen, aber auch am nächsten Tag sind sie lecker, wenn sie klein geschnitten und in etwas Olivenöl angebraten werden.

für 2 Portionen • gelingt leicht (Abbildung Seite 106)
⊘ 60 Min.

250 g Aubergine • 2 TL Olivenöl • 100 g Kichererbsen, gekocht • 1 kleine Zwiebel • 1 Knoblauchzehe • 3 Stängel Petersilie • 3 EL Vollkorn-Semmelbrösel • Salz • schwarzer Pfeffer • nach Belieben 1 Prise Chiliflocken • 2 Zucchini (400 g) • 2 Portionen Tomatensauce (Seite 80)

● Den Backofen auf 200 °C (Umluft 180 °C) vorheizen.

● Aubergine würfeln, mit 1 TL Olivenöl mischen und auf einem Backblech verteilen. Im Ofen 20 Min weich rösten.

● Kichererbsen abbrausen und abtropfen lassen. Zwiebel und Knoblauch hacken, im restlichen Öl glasig braten.

● Auberginen, Zwiebel, Knoblauch, Kichererbsen und Semmelbrösel in der Küchenmaschine zerkleinern, bis eine noch leicht stückige Masse entstanden ist. Petersilie hacken, unterrühren und mit Salz, Pfeffer und Chili würzen. 8 Bällchen formen. 25–30 Min. backen, bis die Bällchen fest und goldbraun sind.

● Zucchini mit dem Spiralschneider zu »Spaghetti« schneiden und mit der Tomatensauce erwärmen. Mit den Auberginenbällchen servieren.

Süßkartoffel-Chili sin Carne

» Ein deftiges Chili ist ein wunderbares Soulfood, egal ob mit oder ohne Fleisch. Wie für alle Schmorgerichte gilt auch hier: Je länger es leise köcheln darf, desto aromatischer wird es. Und noch eine Schmorgericht-Weisheit: Ein großer Topf Chili schmeckt einfach besser, deswegen sind das hier vier großzügige Portionen. Das Chili lässt sich prima einfrieren.

für 4 Portionen • preisgünstig
⊘ 45 Min.

1 Dose Kidneybohnen (220 g Abtropfgewicht) • 75 g Quinoa (oder 2 Tassen gekochte Quinoa) • 300 g Süßkartoffeln • 1 große rote Zwiebel • 2 Knoblauchzehen • 2 EL Olivenöl • 1 TL Cayennepfeffer • ½ TL Kreuzkümmel, gemahlen • ½ TL Chipotle-Chili oder Paprikapulver, geräuchert • 1 Dose gehackte Tomaten • 500 ml Gemüsebrühe
Toppings: Cheddar, gerieben • Joghurt • Korianderblättchen • gewürfelte Avocado • Chiliflocken

● Kidneybohnen abspülen, Quinoa gut waschen und abtropfen lassen.

● Süßkartoffeln schälen und in ca. ½ cm große Würfel schneiden. Zwiebel und Knoblauch schälen und hacken.

● Olivenöl erhitzen, Süßkartoffel- und Zwiebelwürfel darin anbraten, bis die Zwiebeln glasig sind. Knoblauch und Gewürze hinzufügen und 2 Min. unter Rühren mitbraten. Tomaten, Gemüsebrühe, Kidneybohnen und Quinoa zufügen, zum Kochen bringen und dann zugedeckt bei sehr kleiner Hitze etwa 30 Min. simmern lassen, bis das Quinoa weich ist. Zwischendurch immer wieder umrühren. Vor dem Servieren mit Toppings nach Wahl bestreuen.

Putenröllchen mit Möhren-Couscous

›› Dieses Gericht koche ich nur aus Liebe, allein aus Liebe. Die Männer in meinem Haushalt sind große Puten-schnitzel-Fans, ich bin es eher nicht. Aber von diesen würzigen kleinen Röllchen lasse ich mich vom Gegenteil überzeugen. Pesto kann nämlich mehr als nur die schnelle Nummer mit den Spaghetti! Hier wird es zur aromatischen Füllung und würzt auch die Beilage aus Couscous und Möhren.

für 2 Portionen · geht schnell
⊘ 30 Min.

2 EL gehobelte Mandeln · 250 g Möhren · 100 g Vollkorn-Couscous · 1 Lauchzwiebel · 3 Stängel Petersilie · 2 TL Oli-venöl · schwarzer Pfeffer · Salz · Paprikapulver, edelsüß · 2 Putenschnitzel (ca. 250 g) · 4 TL Pesto Rosso (Seite 80)

● Mandeln ohne Fett rösten. Möhren schälen und in ca. ½ cm breite Scheiben schneiden. Im Dampfgareinsatz oder in etwas Wasser bissfest garen. Couscous nach Packungsanweisung garen. Lauchzwiebel in Ringe schneiden. Petersilie waschen und hacken.

● 1 TL Olivenöl erhitzen. Möhren und Lauchzwiebeln darin 3 Min. braten, mit Pfeffer, Salz und Paprikapulver würzen. Zum Couscous geben und mit Petersilie, 1 TL Pesto und 1 TL Olivenöl mischen. Warm halten.

● Die Schnitzel waschen und trocken tupfen. Mit jeweils 1 TL Pesto bestreichen und aufrollen, mit Zahnstochern feststecken. Mit Pfeffer würzen.

● Schnitzelröllchen von jeder Seite anbraten, mit 100 ml Wasser ablöschen, 1 TL Pesto einrühren und bei kleiner Hitze zugedeckt 10 Min. gar ziehen lassen.

Spargel mit Zitronen-Nuss-Bröseln

›› Spargelzeit, liebste Jahreszeit! In den etwa sechs Wo-chen der Saison könnte ich ihn täglich mehrfach essen. Spargel ist für mich das beste Beispiel dafür, dass sai-sonale Lebensmittel richtig und wichtig sind: Sie werden so nämlich zu einer Delikatesse, auf die man sich den Rest des Jahres freuen kann. Hier werden die weißen Stangen etwas unkonventioneller unter einer zitronigen Nuss-Haube gebacken.

für 2 Portionen · gelingt leicht
⊘ 30 Min.

1 kg Spargel · 50 g Butter · 50 g ganze Haselnüsse · 2 EL Semmelbrösel · Saft und Schale von ½ Zitrone · 2 EL Petersilie, gehackt · Pfeffer · Salz

● Den Backofen auf 200 °C (Umluft 180 °C) vorheizen.

● Spargel schälen, Enden abschneiden und ca. 5 – 6 Min. in Salzwasser garen. Die Butter schmelzen.

● Haselnüsse mittelfein hacken oder in der Küchen-maschine grob mahlen. Mit Semmelbröseln, 2 EL geschmolzener Butter, abgeriebener Zitronenschale und Zitronensaft vermischen. Die Petersilie unterrühren und mit Pfeffer und einer Prise Salz abschmecken.

● Spargel abtropfen lassen und in eine längliche Auflauf-form legen. Bröselmischung auf dem Spargel verteilen und ca. 15 Min. im Ofen backen, bis die Brösel goldbraun sind. Herausnehmen und mit der restlichen geschmolzenen Butter beträufeln.

Das passt dazu neue Kartoffeln

❯❯ Putenröllchen mit Möhren-Couscous

Hauptgerichte fürs Wochenende 111

Süßkartoffel-Pommes

》 Warum Pommes immer nur aus Kartoffeln? Versuch's doch mal mit diesen selbst gebackenen Süßkartoffel-Pommes! Statt in viel Fett frittiert zu werden, kommen sie in den Ofen und werden dort knusprig gebacken. Um ein gleichmäßiges Ergebnis zu erzielen, sollten die Stifte gleich groß sein und nicht zu eng aneinander liegen.

für 2 Portionen • gelingt leicht
⊘ 10 Min. + 40 Min. Backzeit

400 g Süßkartoffeln • 1 TL Olivenöl • 1 TL Maismehl • 1 Prise Salz • Ketchup (Seite 79)

● Süßkartoffeln schälen und in gleichgroße pommes-förmige Stifte schneiden.

● Mit Olivenöl in ein verschließbares Gefäß füllen und gut schütteln, sodass alles bedeckt ist. Maismehl und Salz dazugeben und wieder schütteln.

● Herausnehmen und auf einem Backblech nicht zu dicht verteilen. Bei 180 °C (Umluft 160 °C) 40 Min. backen, dabei immer mal wieder wenden.

Linguine mit Ofentomaten

》 Für dieses Gericht braucht man viel Geduld, denn wenn es schon unglaublich köstlich und aromatisch nach Tomaten, Knoblauch und Kräutern riecht, die im Ofen schmoren, fällt das Warten sehr schwer. Aber so ist genug Zeit, um draußen den Tisch zu decken, ein paar Kerzen anzuzünden und einen Aperitif zu trinken.

für 2 Portionen • gelingt leicht
⊘ 60 Min.

500 g Kirschtomaten • 2 Knoblauchzehen • 2 rote Zwiebeln • 3 EL Olivenöl • 1 EL Balsamessig • 2 Zweige Thymian • 1 Zweig Rosmarin • schwarzer Pfeffer • Salz • 250 g Vollkorn-Linguine • 25 g Parmesan

● Den Backofen auf 180 °C (Umluft 160 °C) vorheizen.

● Tomaten waschen und halbieren. Knoblauch schälen und halbieren, Zwiebel schälen und in Achtel schneiden. In einer großen Auflaufform mit Olivenöl, Balsamessig und Kräutern mischen, pfeffern und leicht salzen. Schnitt-flächen der Tomaten nach oben drehen. Etwa 45 Min. im Ofen garen, bis die Tomaten weich sind und sich der aus-tretende Saft mit Öl und Essig gemischt hat.

● Währenddessen Linguine nach Packungsanweisung garen, sodass sie zeitgleich mit den Tomaten gar sind. Parmesan reiben.

● Tomaten aus dem Ofen nehmen. Knoblauchzehen mit der Gabel zerdrücken und unter die Sauce rühren. Linguine unter die Sauce heben und gut vermischen. Mit Parmesan bestreuen.

Tomaten-Hirsotto mit Pilzen

>> Hirsotto ist ein Risotto, nur aus Hirse. Aber genau wie sein Bruder aus Reis ist das Hirsotto ein wunderbar geselliges Gericht, und zwar nicht erst ab dem Zeitpunkt, an dem die dampfenden Teller auf dem Tisch stehen:

Während einer die Armmuskeln trainiert und das Hirsotto unermüdlich rührt, kann sich der andere um die restlichen Arbeitsschritte kümmern und den Hirsotto-Rührer unterhalten.

für 2 Portionen • gelingt leicht
⏱ 45 Min.

- 100 g Hirse
- 1 kleine Zwiebel
- 1 Knoblauchzehe
- 25 g Parmesan
- 250 ml heiße Gemüsebrühe

- 250 g gehackte Tomaten
- 1 EL Olivenöl
- 1 EL Butter
- 100 g Pilze, z.B. Champignons
- 6 Scampi (optional)

- Öl zum Braten
- 3 Zweige glatte Petersilie
- Pfeffer
- Salz

● Hirse gründlich mit heißem Wasser spülen und abtropfen lassen. Zwiebel und Knoblauch schälen und fein hacken. Parmesan reiben.

● Heiße Gemüsebrühe und gehackte Tomaten verrühren. Die Mischung sollte auf kleiner Flamme immer warm gehalten werden, damit die köchelnde und quellende Hirse nicht durch kalte Flüssigkeit abgeschreckt wird.

● Öl und Butter erhitzen, Zwiebel und Knoblauch darin glasig anbraten. Abgetropfte Hirse hinzufügen und kurz mitrösten. So viel Brühe-Tomaten-Mischung angießen, dass die Hirse bedeckt ist. Hitze reduzieren und bei kleiner Flamme und unter ständigem Rühren die Hirse köcheln und quellen lassen, bis die Flüssigkeit aufgesogen ist.

● Kellenweise Tomatenbrühe angießen und unter Rühren einkochen lassen, bis alle Flüssigkeit aufgebraucht ist. Dabei immer wieder testen, ob die Hirsekügelchen schon weich genug sind. Nach der letzten Kelle Brühe den Parmesan unterrühren und das Hirsotto vom Herd ziehen.

● Pilze putzen und in Scheiben schneiden. Scampi ebenfalls putzen. Öl erhitzen, die Pilze darin braten, herausnehmen und zum Hirsotto geben, dann die Scampi braten.

● Petersilie hacken und unter das Hirsotto mischen. Mit Pfeffer und Salz abschmecken. Anrichten, dabei jede Portion mit drei Scampi »verzieren« und nach Belieben mit frisch gemahlenem Pfeffer bestreuen.

Hauptgerichte fürs Wochenende 115

Rote-Bete-Burger

>> Wir laden ein zur Burger-Party! Manchmal muss es eben einfach Fastfood sein. Obwohl – besonders »fast« ist das nicht, denn die Burger und die Brötchen sind selbst gemacht. Das Burger-Hackfleisch ist mit Roter Bete gefärbt und aromatisiert und liegt auf einem Avocado-Bett. Superfood Hamburger, da sag mal noch einer was von ungesund!

ergibt 6 Burger-Buns und 2 Patties • braucht etwas mehr Zeit
⊘ 30 Min. + 90 Min. Gehzeit + 20 Min. Backzeit

Für die Buns:
• 250 g Weizen- oder
  Dinkel-Vollkornmehl
• ½ TL Trockenhefe
• ½ TL Salz
• 75 ml Milch + 2 EL zum Bestreichen
• 75 ml Wasser
• 50 g Butter
• 1 TL Ahornsirup
• 2 TL Sesam

Für die Burger:
• 1 kleine Rote Bete (ca. 100 g)
• 1 Knoblauchzehe
• 200 g Hackfleisch
• 1 TL Senf
• ½ TL Kreuzkümmel, gemahlen
• Salz
• schwarzer Pfeffer

• 1 TL Butterschmalz
• ½ Avocado
• Paprikapulver, geräuchert
• 6 Spinatblätter
• 2 Scheiben Tomate
• 2 Scheiben Gurke
• Zwiebelringe nach Geschmack

● Für die Buns Mehl, Trockenhefe und Salz mischen. 75 ml Milch und Wasser erwärmen, Butter und Ahornsirup darin auflösen, dann zum Mehl gießen und 10 Min. verkneten. Abdecken und 60 Min. gehen lassen, bis sich das Teigvolumen verdoppelt hat.

● Die Luft aus dem Teig pressen und in 6 gleich große Stücke teilen. Zu runden Burgerbrötchen formen und auf ein Backblech setzen. Noch einmal 30 Min. gehen lassen.

● Backofen auf 180 °C (Umluft 160 °C) vorheizen. Buns mit 2 EL Milch bestreichen und mit Sesam bestreuen. 20 Min. backen, bis sich die Oberfläche bräunt. Auskühlen lassen. Nicht verwendete Buns lassen sich gut einfrieren.

● Für die Burger Rote Bete und Knoblauch schälen und fein reiben. Knoblauch, Rinderhack, Senf, Kreuzkümmel, Salz und Pfeffer in einer Schüssel verkneten. Geriebene Rote Bete etwas ausdrücken und unter die Hackfleischmasse kneten. Mit angefeuchteten Händen 2 Burger-Patties formen und in Butterschmalz bei mittlerer Hitze braten.

● Avocado halbieren, Fruchtfleisch mit Paprikapulver zerdrücken. Spinat waschen und trocknen. Brötchen halbieren, mit Avocadocreme bestreichen und mit Spinat, Patties und Gemüse belegen.

Das passt dazu Süßkartoffel-Pommes (Seite 112) und Ketchup (Seite 79).

Auberginencurry

>> Im Asia-Markt oder beim türkischen Gemüsehändler gibt es oft kleine Auberginen, die intensiver schmecken als die bei uns sonst übliche große violette Eierfrucht. Sie haben den Vorteil, dass sie nicht extra mit Salz »vorbehandelt« werden müssen, um ihnen Bitterstoffe zu entziehen. Aber eine normale Aubergine schmeckt in diesem aromatischen Veggie-Curry auch! Wenn die Gewürze frisch gemahlen werden, schmeckt das Gericht noch intensiver.

für 2 Portionen • gut vorzubereiten
⊘ 60 Min.

- 300 g Auberginen
- Meersalz
- 1 EL Olivenöl
- 1 Zwiebel
- 2 Knoblauchzehen
- 15 g Ingwer, frisch
- 5 Kardamomkapseln
  (oder ¼ TL Kardamom, gemahlen)

- ½ TL schwarze Pfefferkörner
  (ca. 12 Stück)
- 1 EL Kreuzkümmelsaat
  (oder 1 TL Kreuzkümmel, gemahlen)
- 1 EL Koriandersaat
  (oder 1 EL Koriander, gemahlen)
- 1 TL Kurkuma, gemahlen
- 1 getrocknete Chili

- 200 g Datteltomaten
- 2 EL Kokosöl oder Ghee
- 200 ml Kokosmilch
- 100 g brauner Basmati-Reis
- 2 Zweige Minze
- 2 EL Naturjoghurt

● Den Backofen auf 200 °C (Umluft 180 °C) vorheizen.

● Auberginen halbieren und in ca. 2 cm breite Streifen schneiden. Mit Salz mischen und etwa 15 Min. ziehen lassen. Danach abspülen und trocken tupfen, mit Olivenöl mischen und auf einem Backblech 10 – 15 Min. im Ofen rösten, bis die Spitzen braun werden, dann umdrehen und weitere 5 Min. backen. Herausnehmen.

● Zwiebel und Knoblauch schälen und fein hacken. Ingwer schälen und in feine Streifen schneiden. Kardamomkapseln öffnen und die Samen mit Pfefferkörnern, Kreuzkümmel- und Koriandersaat im Mörser fein zerstoßen. Die Gewürze mit Kurkuma und der zerbröselten Chili mischen. Tomaten in Würfel schneiden.

● Öl oder Ghee in einem Topf mit schwerem Boden erhitzen und die Zwiebel darin glasig braten, Knoblauch und Ingwer dazugeben und 1 Min. mitbraten. Die Gewürze einrühren und etwa 2 Min. unter Rühren anrösten, bis sie duften. Tomaten und Kokosmilch einrühren, die Auberginen dazugeben und alles bei schwacher Hitze 20 Min. köcheln lassen, bis die Sauce cremig ist.

● Den Reis nach Packungsanweisung garen. Minzeblätter in Streifen schneiden.

● Curry mit Reis anrichten, je einen Esslöffel Joghurt darübergeben und mit Minze bestreuen.

Hauptgerichte fürs Wochenende 117

Langsam geschmortes Gewürzhähnchen

>> Dass sich der Kauf eines ganzen Bio-Hähnchens absolut lohnt, wiederhole ich gebetsmühlenartig. Hier ist der Beweis! Der Flattermann wird zerlegt (das Internet weiß wie), Keulen und Flügel für dieses unendlich köstliche Schmorgericht verwendet, die Brust wird erst einmal eingefroren und später verbraucht. Dieses Schmorgericht funktioniert nämlich nur mit Knochen. Und auch nur in etwas größeren Mengen, daher ausnahmsweise für 4 Portionen.

für 4 Portionen • braucht etwas mehr Zeit
⏱ 25 Min. + 3 Std. Garzeit

- 1 Bio-Hähnchen
  (oder 2 Keulen und 2 Flügel)
- 2 Zwiebeln
- 3 Knoblauchzehen
- 15 g Ingwer, frisch
- 5 Kardamomkapseln
- 1 TL Fenchelsamen

- 1 TL gelbe Senfsaat
- 1 TL Korianderkörner
- 1 TL Kreuzkümmelsaat
- ½ TL Anissamen
- 2 TL Kurkuma, gemahlen
- 1 Zimtstange

- 1 große reife Tomate
  (oder 1 TL Tomatenmark)
- 1 rote Chili
- 3 EL Ghee oder Butterschmalz
- 500 ml Wasser
- Salz

● Hähnchen waschen, trocken tupfen und zerlegen. Die Brustfilets zur anderweitigen Verwendung kühlen oder einfrieren, ebenso die Karkasse.

● Zwiebeln schälen und hacken, Knoblauch und Ingwer schälen und in Scheiben schneiden. Gewürze mischen und im Mörser leicht anstoßen. Tomate würfeln, Chilischote in Ringe schneiden.

● In einem ausreichend großen Bräter oder Schmortopf 2 EL Ghee erhitzen und die Hähnchenteile rundherum scharf anbraten. Herausnehmen und den restlichen EL Ghee in den Bräter geben. Zwiebeln, Knoblauch und Ingwer darin anbraten, dann die Gewürze dazugeben und unter ständigem Rühren etwa 1 Min. anrösten.

● Die Hähnchenteile in den Bräter legen, Tomatenwürfel und Chili dazugeben und alles mit Wasser angießen. Etwas salzen und einmal aufkochen. Hitze auf die kleinste Stufe herunterschalten, Deckel auflegen und Hähnchen und Gewürze 3 Std. schmoren lassen, bis das Fleisch nahezu von den Knochen fällt.

● Fleisch aus dem Topf nehmen und warm halten. Die Sauce durch ein Sieb passieren, die Rückstände im Sieb gut auspressen und die Sauce dann auf die gewünschte Konsistenz einkochen. Keulen und Flügel wieder in die Sauce legen und servieren.

Das passt dazu Reis oder Couscous und Linsen

Steaks mit Kräuterkruste und Ofenkartoffeln

» Sieben Kräuter gehören in die »Frankfurter Grie Soß«: Neben Petersilie und Schnittlauch auch Borretsch, Kerbel, Kresse, Pimpinelle und Sauerampfer. Statt in die Sauce kommen sie diesmal auf ein Steak, das unter der Kräuterkruste im Ofen zartrosa gart. Dazu Ofenkartoffeln und ein Salat mit pikanter Kresse, und der Sonntag ist gerettet.

für 2 Portionen • gelingt leicht
⊘ 20 Min. + 40 Min. Backzeit

- 400 g kleine Kartoffeln
- 4 EL Olivenöl
- Salz
- Pfeffer
- 1 Bund Frankfurter Kräuter (alternativ 1 großes Bund gemischte Kräuter und ein Beet Kresse)

- 1 EL Vollkorn-Semmelbrösel
- 100 g Schmand
- 2 Steaks
- 1 TL Butterschmalz

- 2 Handvoll Blattsalat
- 1 TL Apfelessig
- Paprikapulver, edelsüß

● Backofen auf 200 °C (Umluft 180 °C) vorheizen. Kartoffeln waschen, wenn nötig schälen, halbieren. Auf einem Backblech mit 2 EL Olivenöl, je 1 Prise Salz und Pfeffer würzen. 30 Min. im Ofen backen.

● Die Kräuter waschen und trocken schleudern. Alle Kräuter, bis auf die Kresse, fein hacken. ⅔ der Kräutermischung mit Semmelbröseln, je 1 Prise Salz und Pfeffer und 1 EL Olivenöl zu einer Paste verrühren. Das restliche Drittel der gehackten Kräuter mit Schmand vermischen und mit Salz und Pfeffer abschmecken.

● Steaks waschen und trocken tupfen. Leicht salzen und pfeffern. Butterschmalz in einer ofenfesten Pfanne erhitzen und die Steaks von beiden Seiten scharf anbraten.

● Auf der Oberseite mit der Kräutermischung bedecken. Ofentemperatur auf 140 °C (Umluft 120 °C) herunterschalten und die Kräutersteaks 10 Min. zusammen mit den Kartoffeln im Ofen garen.

● Salat waschen, trocken schleudern und zerkleinern. Aus Apfelessig und 1 EL Olivenöl ein Dressing rühren, mit Paprikapulver und evtl. Salz und Pfeffer abschmecken. Kresse abschneiden und mit dem Salat mischen.

● Steaks zusammen mit Ofenkartoffeln, Kräuter-Dip und Salat servieren.

Hauptgerichte fürs Wochenende 119

DESSERTS UND SÜSSE LECKEREIEN

Wer sagt denn, dass Clean Eating spaßfrei sei? Keine Sorge, auch hier gibt es genügend gesunde Leckereien für süße Momente. Desserts, die mit der Süße von Früchten glänzen, Kuchen, die mit Vollkornmehl und alternativen Süßmitteln gebacken werden, und kleine Naschereien, die gut fürs Gewissen sind.

◂ Kokosschmarrn mit Erdbeer-Rhabarber-Kompott (Rezept Seite 122)

Kokosschmarrn mit Erdbeer-Rhabarber-Kompott

>> Vergebt mir, liebe Österreicher, dass ich eins eurer kulinarischen Nationalheiligtümer einfach so abgewandelt habe. Ich tat es in der guten Absicht, eine gesündere Variante zu backen, die trotzdem wirklich gut schmeckt und so glücklich macht wie die wolkenlose Aussicht vom Berggipfel. Ich denke, es ist mir gelungen. Und wenn es euch tröstet: Beim nächsten Skiurlaub esse ich dann auch euren klassischen Schmarrn.

für 2 Portionen als süßes Hauptgericht oder 4 Dessert-Portionen • gelingt leicht (Abbildung Seite 120)
⏲ 40 Min.

- 200 g Rhabarber
- 250 g Erdbeeren
- 1 TL Kokosblütenzucker
- 2 Eier
- 120 g Dinkel-Vollkornmehl

- ¼ TL Weinsteinbackpulver
- 2 EL Kokosflocken
- 1 EL Kokosblütenzucker
- 150 ml Kokosmilch
- 2 TL Kokosöl

- 2 EL Rosinen nach Geschmack (alternativ Cranberrys)
- Kokosflocken zum Bestreuen

● Für das Kompott Rhabarber und Erdbeeren putzen und klein schneiden. Mit 2 EL Wasser aufkochen und ca. 15 Min. köcheln lassen, bis der Rhabarber weich ist, dabei gelegentlich umrühren. Anschließend süßen und abkühlen lassen.

● Für den Schmarrn die Eier trennen. Eischnee steif schlagen. Eigelb mit Mehl, Backpulver, Kokosflocken, Kokosblütenzucker und Kokosmilch glatt rühren, dann den Eischnee unterheben.

● 1 TL Kokosöl in einer großen Pfanne erhitzen und den Teig hineingeben. Die Rosinen auf dem Teig verteilen. Wenn der Schmarrn auf der Unterseite fest geworden ist, den Teig wenden und mit zwei Gabeln oder Pfannenwendern in kleinere Stücke zerpflücken.

● Das restliche Kokosöl in die Pfanne geben und die Schmarrn-Stücke rundum bräunen. Mit Kokosraspeln bestreuen und mit Kompott servieren.

Desserts und süsse Leckereien

Süße Möhren-Mango-Suppe

>> Möhren und Mango mal in einer süßen Kombination, denn: Warum Suppe immer nur als Vorspeise? In meiner Kindheit gab es recht häufig Obstsuppen oder Kaltschalen zum Nachtisch. Und beim ersten Löffel dieser Suppe erwachten gleich Erinnerungen an Sommertage im Garten und an Nachmittage auf der Hollywoodschaukel.

für 2 Portionen • gelingt leicht
⊘ 30 Min.

2 Möhren (ca. 150 g) • 1 kleiner Apfel (ca. 75 g) • 1 Thymianzweig • 1 EL Ahornsirup oder Honig • ½ Mango (ca. 150 g) • 50 g Sahne oder Kokosmilch • gemahlene Vanille zur Dekoration

● Möhren schälen und in Würfel schneiden. Apfel klein schneiden und beides mit 250 ml Wasser, Thymianzweig und Ahornsirup oder Honig aufkochen. Köcheln lassen, bis die Möhren weich sind. Etwas abkühlen lassen, den Thymianzweig entfernen.

● Mango schälen, in Würfel schneiden, zu den Möhren geben und alles pürieren. Sahne oder Kokosmilch in ein hohes Gefäß geben und halbsteif schlagen, das geht gut mit dem Pürierstab.

● Suppe in zwei Schalen oder Gläser füllen und jeweils mit einem Klecks Sahne oder Kokosmilch und etwas Vanille garnieren.

Gegrillte Pfirsiche mit Cashew-Creme

>> Hier gilt der alte Spruch von den Gegensätzen, die sich anziehen: Warme Pfirsiche treffen auf kühle Creme, süß trifft auf nussig. Wenn es schnell gehen muss, kann die Cashew-Creme auch durch Joghurt ersetzt werden, aber das Nussmus ist eine schöne Abwechslung. Im Sommer kannst du die Pfirsiche auch super auf dem Grill garen. (Vielleicht nicht gerade direkt neben den Bratwürstchen.)

für 2 Portionen • braucht etwas mehr Zeit
⊘ 3 Std. Einweichzeit + 30 Min. + 2 Std. Kühlzeit

50 g Cashewkerne • 30 ml Mandel- oder Nussmilch • 1 Msp. Vanille, gemahlen • 1 TL Ahornsirup (optional) • 2 Pfirsiche • 2 TL Butter • 1 TL Honig (optional) • 2 Thymianzweige

● Für die Creme die Cashewkerne 3 Std. in kaltem Wasser einweichen, dann abspülen und gut abtropfen lassen. Mit Mandelmilch und Vanille sehr fein und cremig pürieren, mit Ahornsirup abschmecken. 2 Std. im Kühlschrank kalt stellen.

● Den Backofen auf 200 °C (Umluft 180 °C) vorheizen. Pfirsiche halbieren und entkernen. Mit der Schnittfläche nach oben in eine Auflaufform setzen. Je ½ TL Butter und einen kleinen Klecks Honig auf jede Pfirsichhälfte geben. Thymianzweige halbieren und auf die Pfirsichhälften legen.

● 10 Min. im Ofen backen, dann weitere 10 Min. grillen, bis sich Blasen bilden und Flüssigkeit ausläuft. Vorsicht, die Pfirsiche sollten nicht verbrennen! Etwas abkühlen lassen und mit der Cashew-Creme servieren.

Desserts und süsse Leckereien

Hirse-Schichtdessert

Schnelle Schokoladencreme

» Im Grimm'schen Märchen vom süßen Brei kocht der Zaubertopf ohne Unterlass Hirsebrei. Manchmal wünschte ich mir auch so ein Töpfchen, aber bitte eins, das neben dem Brei auch noch die Fruchtschichten zubereitet und alles fein anrichtet, mit dekorativem Minzblatt! Die Fruchtschichten kannst du je nach Saison und Vorliebe variieren. Mein Favorit ist Pfirsich-Himbeere, aber auch die Kombination aus Mango und Blaubeere schmeckt toll.

für 2 Portionen • gelingt leicht
⊘ 25 Min. + 1 Std. Kühlzeit

1 reifer Pfirsich • 1 Spritzer Zitronensaft • 100 g Himbeeren • 50 g Vollkorn-Hirse • 200 ml (Mandel-)Milch • 1 TL Ahornsirup oder Honig nach Belieben • etwas Minze zum Dekorieren

● Pfirsich waschen und vierteln. ¼ Pfirsich in kleine Würfel schneiden, den restlichen Pfirsich pürieren. Pfirsichwürfel und Zitronensaft unterrühren. Von den Himbeeren zwei als Dekoration zurückbehalten, übrige Beeren pürieren oder mit der Gabel zerdrücken.

● Hirse mit heißem Wasser spülen und abtropfen lassen. Mit Milch und nach Belieben Ahornsirup oder Honig aufkochen und bei kleiner Hitze unter häufigem Rühren so lange köcheln, bis die Hirse weich ist und die Flüssigkeit aufgesogen hat (ca. 10 Min.).

● In zwei Dessertgläser eine Schicht Hirse füllen, dann mit Pfirsichpüree bedecken. Zweite Schicht Hirsebrei darübergeben und mit Himbeerpüree abschließen. 1 Std. kühlen, dann mit Himbeeren und Minzeblättern dekorieren und servieren.

» Das Turbo-Dessert, wenn keine Zeit für die Vorbereitung eines Nachtischs ist. Es schmeckt fast wie Schokoladenpudding, geht aber viel schneller und ist aus Zutaten zusammengerührt, die ich immer im Vorrat habe. Schmeckt übrigens auch als leckerer, proteinreicher Nachmittagssnack. Wenn du die Menge des Kakaos variierst, wird die Creme mehr oder weniger intensiv.

für 2 Portionen • geht schnell
⊘ 5 Min.

250 g griechischer Joghurt • 2 EL ungesüßtes dunkles Kakaopulver • 1 EL Ahornsirup oder Honig • ½ TL Vanille, gemahlen • 1 EL Haselnüsse, gehackt

● Joghurt mit Kakao, Ahornsirup oder Honig und Vanille verrühren, bis die Creme glatt und ohne Klümpchen ist.

● Auf zwei Gläser oder Schalen verteilen und mit gehackten Haselnüssen bestreuen.

Variante Für ein nussigeres Aroma die Haselnüsse kurz ohne Fett anrösten.

❯ Hirse-Schichtdessert

126 Desserts und süsse Leckereien

Desserts und süsse Leckereien

Matcha-Macadamia-Trüffel

>> Echte Luxustrüffel, bei denen die Königin der Nüsse auf den König des Grüntees trifft. Eine Verbindung wie aus einem Adelsroman! Übrigens schmecken sie auch mit geschälten Mandeln oder Cashewkernen ganz hervorragend. Durch das anregende Koffein im Matcha, die guten Fette aus Macadamia und Kokos und den Hauch Zitrone sind diese edlen Trüffel tolle Energyballs.

ergibt 12 Trüffel • gut vorzubereiten
⏱ 10 Min. + 30 Min. Kühlzeit

75 g Macadamia-Nüsse (ungesalzen) • 50 g Kokosflocken • 1 EL Kokosöl • 2 TL Ahornsirup • ½ TL Matcha • 1 TL Zitronenzeste • 1 EL Zitronensaft • **Zur Dekoration:** Kokosflocken oder -chips • Goji-Beeren • gehackte Macadamia-Nüsse oder Mandeln

● Macadamia-Nüsse und Kokosflocken in der Küchenmaschine fein mahlen.

● Kokosöl schmelzen, mit Ahornsirup, Matcha, Zitronenzeste und -saft in der Küchenmaschine so lange mixen, bis eine feine Masse entsteht.

● Mit feuchten Händen zu 12 Kugeln formen und mit der gewünschten Dekoration versehen. Auf einem Teller im Kühlschrank fest werden lassen.

◄ Birnen mit Walnüssen und Honig

Birnen mit Walnüssen und Honig

>> Meine Eltern haben einen großen alten Kachelofen, der über ein kleines Fach verfügt, in dem Speisen warm gehalten werden können. Im Winter garte mein Vater darin über Stunden duftende Bratäpfel. Leider war die Klappe für mich als kleines Kind viel zu hoch! Aber das gleiche wohlig-warme Gefühl hatte ich, als ich diese gebackenen Birnen aus dem Ofen zog. Ein wunderbares Dessert für goldene Herbsttage.

für 2 Portionen • preisgünstig
⏱ 15 Min. + 20 Min. Backzeit + 5 Min. Abkühlzeit

1 große oder 2 kleine Birnen (ca. 200 g insgesamt) • 25 g Walnüsse • ¼ TL Zimt • 1 großzügiger TL Honig

● Den Backofen auf 180 °C (Umluft 160 °C) vorheizen. Nüsse grob hacken und in einer Auflaufform, die groß genug für die Birnen ist, mit Zimt mischen. In den aufheizenden Ofen schieben und etwa 10 Min. rösten, bis sie duften.

● Die Birne halbieren und mit einem Teelöffel das Kerngehäuse herausschneiden, sodass eine Mulde entsteht. Geröstete Walnüsse mit Honig mischen und in die Mulden der Birne füllen.

● Birnen in die Auflaufform setzen und etwa 20 Min. backen, bis sie weich sind. Herausnehmen und 5 Min. abkühlen lassen.

Das passt dazu griechischer Joghurt

Tipp Damit die Schnittflächen der Birnen weich sind, diese nach dem Backen mit etwas Wasser besprühen oder bepinseln – das macht auch optisch mehr her.

Melonen-Erdbeer-Sorbet

>> Wenn die heimischen Erdbeeren auf dem Höhepunkt ihrer Saison sind, kommen auch schon die ersten reifen und aromatischen Wassermelonen auf den Markt. Zusammen eine tolle kalte Erfrischung an heißen Tagen und ein wunderbares Dessert, das sich schon einige Zeit vorher vorbereiten lässt. Außerhalb der Beerensaison sind Tiefkühl-Erdbeeren eine gute Alternative, da diese vollreif geerntet und gefroren werden.

für 2 Portionen • braucht etwas mehr Zeit
⊙ 15 Min + 6 Std. Gefrierzeit

150 g vollreife Erdbeeren • 100 g Wassermelone ohne Schale, möglichst kernarm • 30 ml kaltes Wasser • 1 TL Limettensaft • 2 TL Honig • 2 kleine Minzezweige

● Erdbeeren vorsichtig waschen. Erdbeeren und Wassermelone in kleinere Stücke schneiden und möglichst nebeneinander in eine große flache, gut verschließbare Box legen. Mindestens 6 Std. einfrieren.

● Mit Wasser, Limettensaft und Honig fein pürieren. Auf zwei Dessertgläser oder Schalen verteilen, mit Minze dekorieren und sofort servieren.

Variante Als kühler alkoholfreier Cocktail kann das Sorbet auch im Glas genossen werden. Dafür 1 EL Sorbet und 1 Minzezweig im Sektglas mit 100 ml Sprudelwasser auffüllen und verrühren.

Bananen-Schoko-Eis

>> Es ist bestimmt ein Teil von Murphys Gesetz, dass immer dann kein Eis im Tiefkühlschrank ist, wenn man soooo Lust darauf hat. Blitzschnelles Beereneis lässt sich im Nu aus einer Handvoll Tiefkühlbeeren und ein paar Löffeln Joghurt mixen, aber bei Schokoladeneis sieht die Sache schon anders aus. Daher sorgt der kluge Schokoeis-Freund vor und hat ab sofort immer ein paar Bananen eingefroren!

für 2 Portionen • braucht etwas mehr Zeit
⊙ 10 Min. + 6 Std. Gefrierzeit

2 Bananen (ca. 300 g) • 1 – 2 EL (Pflanzen-)Milch • 2 EL Erdnussbutter • 1 EL Kakaopulver

● Banane in Scheiben schneiden und mindestens 6 Std. im Tiefkühlfach gefrieren lassen.

● Gefrorene Bananen in der Küchenmaschine mit Milch, Erdnussbutter und Kakaopulver pürieren. Alternativ in ein hohes Gefäß füllen und mit dem Pürierstab zu einer glatten Masse pürieren. Sofort genießen.

Variante Für ein festeres Eis die entstandene Masse noch 1 Std. in den Tiefkühlschrank stellen.

❯❯ Melonen-Erdbeer-Sorbet

Schoko-Crunch mit gepufftem Getreide

›› Manchmal müssen kulinarische Kindheitserinnerungen mit einem zusammen groß werden. Klar erinnern uns die Schoko-Knusperberge an Kindergeburtstage und Sonntagsbesuche bei Oma. Hier sind die Choco-Crossies für Erwachsene: dunkel, schokoladig, knusprig und nicht so süß. Du kannst sie mit allen möglichen Superfoods ergänzen, beispielsweise mit Chia oder Hanfsamen. Aber dann sind sie fast schon zu gesund.

ergibt ca. 25 Stück • gut vorzubereiten
⏲ 20 Min. + 1 Std. Ruhezeit

50 g Kakaobutter • 2 EL Haselnüsse, gehobelt oder gehackt • 30 g Kakaopulver • 1 Msp. Vanille, gemahlen • 1–2 EL Ahornsirup • 3 EL Amaranth, gepufft • 3 EL Quinoa, gepufft • 1 EL Sesamsaat • 1 EL Kokosflocken • 25 g Vollkorn-Cornflakes

● Kakaobutter in einer größeren Schüssel langsam über dem Wasserbad schmelzen. Haselnüsse ohne Fett anrösten.

● Kakaopulver und Vanille mischen. Mit dem Schneebesen unter die flüssige Kakaobutter rühren, bis keine Klümpchen mehr enthalten sind.

● Ahornsirup einrühren, dann Amaranth, Quinoa, Sesam, Kokosflocken und Cornflakes gleichmäßig unterrühren.

● Mit zwei kleinen Löffeln Häufchen abstechen und auf ein mit Backpapier belegtes Brett oder Backblech klecksen, etwas zusammendrücken. 1 Std. ruhen lassen, damit die Kakaobutter fest wird. Trocken aufbewahren.

Banana Blueberry Bread

›› Sonntagabend, der »Tatort« hatte gerade angefangen – und mir fiel siedend heiß ein, dass ich am Montag einen Kuchen mitbringen sollte. Jetzt noch den Mixer herausholen und inmitten der Ermittlungen Lärm machen? Nee. Außerdem war auch fast nichts mehr im Kühlschrank. Zwei Bananen und eine Handvoll Blaubeeren retteten den versprochenen Kuchen, der fast flüsterleise mit dem Löffel zusammengerührt wird. Fall gelöst.

für 1 Kuchen (18 cm lang) • gelingt leicht
⏲ 10 Min. + 45 Min. Backzeit

125 g Dinkel-Vollkornmehl • 50 g Mandeln, gemahlen • 1 TL Backpulver • 1 TL Natron • 2 Bananen • 1 EL Kokosöl • 1 Ei • 75 g griechischer Joghurt • 2 EL Ahornsirup • 2 EL (Pflanzen-)Milch • 50 g Blaubeeren • 3 EL Kokosflocken + 1 EL zum Bestreuen • 1 EL Chiasamen

● Den Backofen auf 180 °C (Umluft 160 °C) vorheizen.

● Mehl, Mandeln, Backpulver und Natron mischen. Das Kokosöl schmelzen und leicht abkühlen lassen. 1½ Bananen zerdrücken (nicht pürieren!), die restliche halbe Banane in feine Scheiben schneiden.

● Kokosöl, zerdrückte Bananen, Ei, Joghurt, Ahornsirup und Milch gut verrühren. Mehlmischung unter die feuchten Zutaten rühren, dann Bananenscheiben, Blaubeeren, Kokosflocken und Chiasamen unterheben.

● In eine kleine gefettete Kastenform füllen, mit Kokosflocken bestreuen und etwa 45 Min. backen. Herausnehmen und vollständig auskühlen lassen.

Desserts und süsse Leckereien 131

Veganer No-Bake-»Cheesecake« mit Sauerkirschen

>> Veganes Backen war für mich lange unerforschtes und etwas furchteinflößendes Neuland. Keine Eier, keine Milchprodukte wie Butter, Sahne oder Quark, wie soll das bitte gehen? Nach ein paar Versuchen (ja, auch mit spektakulären Reinfällen) stellte sich aber heraus, dass es durchaus geht, gut sogar. Dieser vegane »Cheesecake« besteht aus knusprigem Schoko-Crunch-Boden und einer Creme aus Cashewkernen und Kokosmilch. Da vermisse ich wirklich keinen Quark!

ergibt 2 Tartes oder 4 Küchlein in Muffin-Größe • braucht etwas mehr Zeit
⊘ 4 Std. Einweichzeit + 30 Min. + 4 Std. Gefrierzeit + 30 Min. Auftauzeit

- 75 g Cashewkerne
- 75 g Kokoscreme oder 1 kleine Dose Kokosmilch (200 ml)
- 100 g Schoko-Crunch (Seite 130)

- 1 EL Kokosöl
- 1 EL Ahornsirup
- 1 EL Zitronensaft

- 50 g (gefrorene) Sauerkirschen, entsteint

● Cashewkerne waschen, mit kaltem Wasser bedecken und 4 Std. einweichen. Bei der Verwendung von Kokosmilch die Dose 4 Std. in den Kühlschrank stellen, dadurch bildet sich eine feste Schicht. Anschließend Dose öffnen und von der entstandenen Creme 75 g abmessen. (Restliche Kokosmilch anderweitig verwenden, bspw. im Curry.)

● Schoko-Crunch in der Küchenmaschine oder mit einem Teigroller zerkrümeln. In zwei Tartelette-Formen mit herausnehmbarem Boden pressen. Alternativ ein Muffinblech mit vier Papierförmchen auslegen und die Crunch-Krümel hineinpressen. In den Kühlschrank stellen.

● Kokosöl schmelzen und leicht abkühlen lassen. Cashews abgießen, noch einmal abspülen, dann mit Kokosöl, Kokoscreme, Ahornsirup und Zitronensaft so lange im Blender pürieren, bis eine sehr feine Masse entstanden ist. ⅔ der Masse in die vorbereiteten Förmchen gießen.

● Die Hälfte der Sauerkirschen mit der restlichen Cashew-Creme pürieren. Die rosa Creme mit einem Löffel auf die helle Creme klecksen und mit dem Löffelstiel zu Wirbeln ziehen. Die andere Hälfte der Sauerkirschen vierteln und in die Creme drücken. 4 Std. im Tiefkühlschrank fest werden lassen. Vor dem Servieren 30 Min. antauen lassen.

Zucker?
Es geht auch ohne!

Reinweiß und fein steht der Zucker im Regal und verspricht uns süße Desserts, himmlischen Kuchen und knusprige Kekse. Davon lassen wir uns nur allzu gern überzeugen. Doch Vorsicht: Was so harmlos aussieht, hat eine Menge Unheil im Gepäck.

Zucker hat sich schon seit geraumer Zeit den Unmut vieler Ernährungswissenschaftler zugezogen, und das zu Recht. Zucker ist ein anerzogener Genuss, den der Körper definitiv nicht braucht – eigentlich sind wir sogar besser ohne dran, denn Zucker liefert nichts außer leeren Kalorien.

Zucker – Was ist das eigentlich?

Der Begriff »Zucker« hat mehrere Bedeutungen und ist manchmal etwas irreführend: Wir sprechen allgemein von Zucker, wenn wir die weißen Krümel in der Zuckerdose meinen, aber auch, wenn wir vom Blutzucker oder der »Zuckerkrankheit« Diabetes reden.

Wissenschaftlich gesehen ist »Zucker« der Oberbegriff für Kohlenhydrate. Der Einfachheit halber ver-

wende ich im Folgenden das Wort Zucker, wenn ich von Haushalts- oder Kristallzucker spreche, also von Saccharose.

Saccharose besteht aus je einem Molekül Fructose (Fruchtzucker) und einem Molekül Glucose (Traubenzucker). Saccharose wird im Körper in seine beiden Bestandteile aufgespalten, und beide werden unterschiedlich vom Stoffwechsel verarbeitet. Während jede Zelle unseres Körpers Glucose zur Energiegewinnung verarbeiten kann, wird Fructose nur in geringen Teilen vom Dünndarm, hauptsächlich aber von der Leber aufgenommen, und dort zügig als Fett eingelagert. Fructose, der so gesund und harmlos klingende Fruchtzucker, ist also das eigentliche Problem des Zuckers. Wir können nur begrenzte Mengen davon aufnehmen, aber mehr und mehr Lebensmittel sind mit Fructose versetzt.

Was ist so schlecht am Zucker?

In einem normalen, gesunden Körper sorgt ein ausgeklügeltes System von Hormonen dafür, dass unser Energielevel möglichst ausbalanciert ist und wir genau so viel Nahrung zu uns nehmen, wie wir benötigen. Alles, was wir essen, wird durch die Verdauung in seine kleinsten Teile aufgeschlossen. Dabei sorgt das in der Bauchspeicheldrüse produzierte Hormon Insulin dafür, dass die im Blut vorhandene Glucose (der »Blutzucker«) abgebaut und den Zellen als Energie zur Verfügung gestellt wird. Außerdem sorgt Insulin dafür, Energie quasi abrufbar zu speichern. Gelangt Glucose durch die Verdauung der Nahrung ins Blut, wird die Insulinausschüttung gestartet. Ab einer gewissen Höhe des Blutzuckerspiegels wird ein Sättigungssignal gesendet. Fällt der Blutzuckerspiegel wieder unter eine bestimmte Grenze, schaltet sich das Hungergefühl ein.

Bei Fructose springen die »Detektoren«, die den Insulinausstoß bewirken, kaum an, und die Fructose erhöht den Blutzuckerspiegel nur wenig. Allerdings, und das ist das Fatale, tritt auch kein Sättigungssignal ein, im Gegenteil: Die Ausschüttung des Hormons, das Hungergefühle hervorruft, wird begünstigt. Zuckriges (oft kalorienreiches) Essen zieht also das Verlangen nach mehr zuckrigem Essen nach sich. Ein gemeiner Teufelskreis! Denn wenn die Speicher der Leber gefüllt sind, wird der weiterhin ankommende Zucker in Fettsäuren umgewandelt, die ins Blut strömen und in den Fettdepots des Körpers eingelagert werden. Unser Körper arbeitet da äußerst effizient, was über viele Jahrtausende der Menschheitsgeschichte auch dringend nötig war, denn Nahrung war knapp und die Einlagerung von Reserven überlebensnotwendig.

Heute haben wir ein Nahrungsmittel-Überangebot und dadurch nicht nur verlernt, auf die Signale unseres Körpers zu hören, sondern verzehren dazu auch noch künstliche Nahrungsmittel, von denen wir essen und essen und essen können, ohne (langfristig) satt zu werden.

Zucker ist dabei besonders hinterhältig, denn er wirkt direkt auf einen Bereich unseres Hirns, den wir nicht bewusst steuern können: das Belohnungszentrum. Der Verzehr von Zuckrigem schüttet dort Dopamin aus, wodurch wir uns gut fühlen. Wie bei Suchtreaktionen will dieses Wohlgefühl aber immer wieder erneuert und verbessert werden. Interessanterweise wirken Drogen wie Alkohol oder Kokain auf genau dieselbe Art und Weise. »Zuckersucht« ist nicht nur ein medientaugliches Schlagwort. Jeder, der schon einmal versucht hat, ohne Zucker zu leben, wird bestätigen, dass es richtiggehende Entzugserscheinungen gibt, die überraschend stark sind.

Der durchschnittliche Deutsche nimmt 100 g Zucker pro Tag zu sich, das entspricht etwa 33 Zuckerwürfeln. Nur ein Teil davon ist wirklich offensichtlicher Zucker, der größte Teil versteckt sich in Lebensmitteln, oft auch in solchen, von denen man es nicht vermutet: in Wurstwaren, Brot, herzhaften Snacks oder konserviertem Gemüse. Fertiggerichte enthalten verschiedenste Zuckerarten, die als Geschmacksträger über den eigentlichen Mangel an Eigengeschmack hinwegtäuschen sollen. Diese riesigen Mengen Zucker können nicht ohne Folgen bleiben. Sie sind Auslöser, zumindest aber Beschleuniger vieler Zivilisationskrankheiten: Übergewicht und Adipositas, Diabetes Typ II und Karies. Auch Krebszellen snacken gern Zucker, besonders Fructose.

Zucker ist keine Nervennahrung!

»Zucker ist Nervennahrung«, dieses Argument kommt genauso zuverlässig wie »Aber wir brauchen doch Zucker!« Nein. Zucker, in den Mengen, die wir im Durchschnitt zu uns nehmen, ist eher ein Nervengift. Auch dass wir Zucker brauchen, ist ein Mythos, denn in Europa ist Zucker überhaupt erst seit den Kreuzzügen bekannt und seit nicht mal 200 Jahren ein allgemein erhältlicher Bedarfsartikel. Davor war er ein extrem teures Luxusgut, das nur den gut Betuchten vorbehalten war.

Das Clean-Eating-Konzept kommt weitestgehend ohne Zucker aus. Tatsächlich bin ich der festen Überzeugung, dass der Verzicht auf Zucker der bedeutendste Schritt in Richtung gesunder Ernährung ist. In quasi allen industriell erzeugten Nahrungsmitteln befindet sich irgendeine Art von Zucker. Die Gleichung ist also ziemlich einfach: kein Zucker = keine künstlichen Nahrungsmittel. Damit hast du schon einen großen Teil nicht cleanes Essen aussortiert. Ganz einfach, oder?

Was ist mit Obst?

Keine Frage, Fructose kommt natürlich vor. Sie ist in fast allen pflanzlichen Lebensmitteln enthalten, vor allem in Obst, aber auch in den meisten Gemüsesorten. Obst und Gemüse haben aber den Vorteil, dass hierin Fructose zusammen mit ihrem »Gegengift«, den Ballaststoffen und Fasern, verpackt ist, die für eine langsame Aufnahme sorgen, sodass Fructose nicht umgehend in Fett verwandelt wird. Idealerweise isst du Obst auch nicht allein, sondern zusammen mit etwas Ballaststoffreichem wie Müsli.

Sehr fructosereiche Obstsorten sind beispielsweise Äpfel, Birnen und Ananas. Vorsicht ist übrigens bei Trockenfrüchten geboten. Während frische Früchte viel Wasser enthalten, sind Trockenfrüchte mehr oder weniger konzentrierter Zucker. Daher solltest du diese wirklich nur sparsam verzehren.

Zucker ersetzen

Wenn du deinen Zuckerkonsum reduzieren möchtest, hast du dazu zwei Möglichkeiten: Verzicht oder Ersatz. Ein kompletter Verzicht ist zugegebenermaßen schwierig, aber machbar (und durchaus lohnenswert).

Wenn es aber doch mal süß sein muss, gibt es eine Reihe von Süßmitteln, die du anstelle von Zucker verwenden kannst:

- Chemisch erzeugte Süßstoffe wie Aspartam oder Acesulfam-K sind absolut nicht clean und sollten nicht verzehrt werden. Im Handel findest du Produkte mit diesen Süßstoffen als Flüssigsüße, als Dosiertabletten oder als Streusüße.

Die natürlichen Zuckerersatzstoffe haben alle ihre Vor- und Nachteile:

- Honig und Ahornsirup enthalten relativ hohe Mengen an Zucker, allerdings auch Mineralien und Spurenelemente.
- Agavendicksaft ist mit bis zu 70 % extrem fructosereich und daher nicht empfehlenswert.
- Kokosblütenzucker oder Dattelsüße werden langsamer vom Organismus verwertet, sind aber eben auch Zuckerarten und haben dazu einen teils sehr deutlichen Eigengeschmack.
- Stevia-Produkte sind zwar natürlichen Ursprungs, aber um sie in eine verwertbare Form zu bringen, müssen sie stark bearbeitet werden. Stevia hat einen sehr dominanten Eigengeschmack, der nicht jedermanns Sache ist.
- Sogenannte Zuckeralkohole sind Reduktionsprodukte von Kohlenhydraten. Zweien dieser Zuckeralkohole, nämlich Erythritol und Xylitol werden sogar positive Auswirkungen auf den Organismus nachgesagt. Beide sind natürlichen Ursprungs, allerdings müssen auch sie durch chemische Extraktion und Bearbeitung aus ihren Rohstoffen (z. B. Früchte, Pilze oder Birkenrinde) gewonnen werden, was sie im eigentlichen Sinne nicht »clean« macht. Diese Zuckerersatzstoffe

sind im Reformhaus, im gut sortierten Supermarkt oder natürlich im Internet unter Handelsnamen wie »Sukrin«, »Sucolin«, »Xucker« oder »Birkengold« zu finden.

Meine ganz einfache Empfehlung: So weit es geht auf Zucker verzichten. Und das geht! Und wenn es unbedingt mal süß sein muss, kannst du sehr sparsam natürliche Alternativen wie Honig, Ahornsirup oder Kokosblütenzucker einsetzen.

Zuckerfrei geht es auch

Bis vor etwa vier Jahren war ich ein ziemlicher Zuckerjunkie. Oberflächlich betrachtet ernährte ich mich zwar gesund, aber bei genauerem Hinsehen verbarg sich jede Menge Zucker in meinem Essen: Das Müsli war gesüßt. Meinen Kaffee trank ich am liebsten mit Karamellsirup. Die Salatsauce enthielt immer ordentlich Honig. Das Vollkornbrot war mit Zuckersirup gefärbt und das Glas Saftschorle enthielt elf Gramm Zucker. Kuchen oder Kekse am Nachmittag waren Standard. Über den Tag verteilt versteckten sich in meinem Essen so bis zu 120 Gramm Zucker, also der Gegenwert von 40 (!) Zuckerwürfeln.

All das war mir nicht bewusst, als ich mein Zuckerfrei-Experiment startete, das ursprünglich nur eine Art Challenge war. Die positiven Auswirkungen zeigten sich relativ schnell: Ich war körperlich fitter, war klarer und wa-

cher im Kopf und konnte mich viel besser konzentrieren. Meine empfindliche, unreine Haut beruhigte sich in kürzester Zeit. Und ohne einen einzigen Tag Diät verlor ich innerhalb weniger Wochen die sieben Kilo, die sich die ganze Zeit zuvor hartnäckig gehalten hatten. Und ich hatte plötzlich wieder ein normales Verhältnis zum Essen, war nicht ständig auf der Jagd nach Essbarem und dachte nicht dauernd an meinen nächsten Schokoriegel.

Nach einer Zeit sehr strenger Zuckerabstinenz habe ich heute ein entspannteres Verhältnis dazu. Ich benutze zu Hause keinen Zucker und kaufe selten Süßigkeiten oder Gebäck. Wird mir aber ein Stück selbst gebackener Kuchen angeboten, sage ich nicht Nein und esse es mit Genuss. Genauso wie ich gern mit meinem Sohn (wenig gesüßte) Kekse backe. Auch ein Eis gehört für mich im Sommer einfach dazu. Solange ich meinen zuckerfreien, cleanen Weg kenne und gehe, kann ich solche kulinarischen Momente ohne schlechtes Gewissen genießen.

Kürbis-Schoko-Cupcakes

» Gemüse im Kuchen? Ja! Und wetten, dass es niemand merkt? Viel eher werden alle bemerken, wie schokoladig und saftig diese Cupcakes sind. Die Schokoladenseite wird durch das leicht säuerliche Frosting noch betont. Außerhalb der Kürbissaison schmecken die Cupcakes auch mit der gleichen Menge fein geraspelter Zucchini. Auch da wird niemand das Gemüse bemerken, versprochen!

für 12 Muffins • gelingt leicht
⊘ 15 Min. + 25 Min. Backzeit

25 g Kokosöl • 200 g Mandeln, gemahlen • 3 EL Kakao • 1 geh. TL Natron • 1 Prise Salz • 2 Msp. Vanille, gemahlen • 250 g festes Kürbisfleisch (z. B. Butternut) • 3 Eier • 100 g Kokosblütenzucker • 200 g Frischkäse • 50 g Sauerrahm • 1 EL Ahornsirup • Kakao zum Bestreuen

● Den Backofen auf 180 °C (Umluft 160 °C) vorheizen.

● Kokosöl schmelzen und etwas abkühlen lassen. Mandeln, Kakao, Natron, Salz und 1 Msp. Vanille mischen.

● Kürbisfleisch fein reiben, etwas ausdrücken und das Wasser abgießen. Kürbis, Eier, Kokosöl und Kokosblütenzucker mischen und unter die trockenen Zutaten rühren, bis der Teig klumpenfrei ist.

● Den Teig etwa ⅔ hoch in die Muffinförmchen füllen und etwa 20 – 25 Min. backen. Ganz auskühlen lassen.

● Für das Frosting Frischkäse mit Sauerrahm, 1 Msp. Vanille und Ahornsirup glatt rühren und auf die ausgekühlten Muffins streichen oder mit einer Spritztülle aufspritzen. Etwas Kakao über die Cupcakes sieben.

Matcha-Marmorkuchen

» Matcha, das froschgrüne Grüntee-Superfood, ist nicht nur in der Tasse toll, sondern lässt sich auch für Gebäck verwenden, z. B. in diesem grün-weißen Marmorkuchen. Mein Mann fragt mich immer, ob ich wieder Werder-Bremen-Kuchen gebacken hätte. Hätte er wohl gern! Der Kuchen enthält ungefähr das Koffein von 3 Tassen Matcha. Vielleicht nichts, was man nach dem Abendessen genießen sollte.

für 1 Kuchen (18 cm lang) • geht schnell
⊘ 10 Min. + 30 Min. Backzeit

100 g Vollkorn-Dinkelmehl • 1 TL Weinsteinbackpulver • 100 g weiche Butter oder Kokosöl • 1 Msp. Vanille, gemahlen • 3 EL Ahornsirup • 2 Eier (Zimmertemperatur) • 1 gestr. TL Matcha (ca. 3 g, z. B. Fuku Matcha zum Kochen) • 2 EL (Pflanzen-)Milch

● Den Backofen auf 180 °C (160 °C Umluft) vorheizen. Mehl und Backpulver mischen.

● Butter oder Kokosöl und Vanille einige Minuten schaumig schlagen, Ahornsirup langsam einfließen lassen. Eier einzeln unterrühren und gut einarbeiten. Mehl und Backpulver über die Buttermasse sieben und mit dem Teigschaber unterheben. Etwas mehr als die Hälfte des Teigs in eine gebutterte Kastenform füllen.

● Matcha und Milch vorsichtig unter den restlichen Teig rühren und auf den weißen Teig setzen. Den grünen Teig spiralförmig mit einer Gabel unter den weißen Teig ziehen.

● 30 Min. backen und auskühlen lassen.

❯❯ Kürbis-Schoko-Cupcakes

Desserts und süsse Leckereien 137

Desserts und süsse Leckereien

Schneller Joghurt-Obst-Kuchen

》 Ein ganz schnell gerührter Kuchen, der durch Joghurt schön saftig wird und sich mit allen möglichen Obstsorten belegen lässt – Pfirsiche und Brombeeren sind meine Sommerfavoriten und sehen echt schick aus. Im Winter sind Tiefkühl-Beeren eine prima Alternative. Der Teig lässt sich ganz einfach vervielfachen und auf einem Backblech backen. Garantiert der Renner beim nächsten Gartenfest!

für 1 Kuchen (18 cm Ø) • geht schnell
⊘ 10 Min. + 20 Min. Backzeit

75 g Dinkel-Vollkornmehl • ¼ TL Weinsteinbackpulver • ¼ TL Natron • 30 g weiche Butter • 50 ml Ahornsirup • 1 Prise Vanille, gemahlen • 1 Ei • 60 g griechischer Joghurt • ½ Tasse Beeren oder anderes kleinstückiges Obst • 2 EL Mandeln, gehobelt

● Den Backofen auf 180 °C (Umluft 160 °C) vorheizen

● Mehl, Backpulver und Natron mischen.

● Butter, Ahornsirup und Vanille cremig aufschlagen, dann das Ei einrühren und gut unterschlagen.

● Mit einem Löffel die Hälfte des Mehls, dann den Joghurt und anschließend die andere Hälfte des Mehls unterrühren.

● Teig in eine kleine gefettete Springform (18 cm Ø) füllen und das Obst darauf verteilen. Mit Mandeln bestreuen und ca. 20 – 25 Min. backen. Vor dem Servieren vollständig auskühlen lassen.

❮ Schneller Joghurt-Obst-Kuchen

Süßkartoffel-Brownies

》 Brownies sind ein richtiger Publikumsrenner: Alle mögen die super saftigen, schokoladigen Kuchenstücke, die mit Nüssen und Schokostückchen bestreut werden. Diese Variante wird durch Süßkartoffeln besonders lecker, außerdem reduziert die tolle Wurzel die ansonsten oft übermäßig verwendeten Zutaten Butter und Zucker. Letzteren kannst du auch hier weiter reduzieren.

für 1 kleines Backblech (20 × 30 cm) • gut vorzubereiten
⊘ 30 Min. + 25 Min. Backzeit

300 g Süßkartoffeln • 50 g Kokosöl oder Butter • 150 g Dinkel-Vollkornmehl • 50 g Mandeln, gemahlen • 2 TL Weinsteinbackpulver • 3 EL Kakaopulver, ungesüßt • ¼ TL Zimt, gemahlen • 1 Msp. Vanille, gemahlen • 2 Eier • 100 g Kokosblütenzucker • 50 g Schokolade (mind. 70 % Kakaoanteil) • 50 g Walnüsse oder Pekan-Nüsse

● Süßkartoffeln schälen, würfeln und weich kochen. Abgießen und zu Brei stampfen. Kokosöl oder Butter unterrühren und schmelzen lassen, abkühlen lassen.

● Den Backofen auf 180 °C (Umluft 160 °C) vorheizen und das kleine Backblech einfetten.

● Mehl, Mandeln, Backpulver, Kakao, Zimt und Vanille mischen. Eier verschlagen, in 2 – 3 Portionen unter den abgekühlten Süßkartoffelbrei rühren und gut einarbeiten. Kokosblütenzucker unterrühren. Die Mehlmischung unterheben, bis alle Zutaten gerade so vermengt sind. Teig auf das Backblech streichen.

● Schokolade und Nüsse hacken und über den Teig streuen. Die Stückchen etwas eindrücken. Ca. 25 Min. backen.

Rezept- und Zutatenverzeichnis

A

Ananas
– Salat mit Asia-Dressing und Hähnchenbrust 53
Apple Pie Overnight Oats 33

Aubergine
– Auberginen-Bällchen mit Tomatensauce 109
– Auberginen-Calzone 61
– Auberginencurry 116

Aufstriche
– Beeren 36
– Paprika-Cashew-Aufstrich 37
– Schokoladen-Nuss-Aufstrich 37

Avocado 69
– Avocado mit Tomaten-Salsa 60
– Buddah-Bowl mit Tempeh und Avocado-Dressing 100
– Club-Sandwich 73
– Gurken- 62
– Nudelsalat mit Räucherforelle 101
– Pochiertes Ei auf Avocado-Toast 41
– Rote-Bete-Burger 115
– Salatteller, grüner 103
– Superstulle 71

B

Bananen
– Banana Blueberry Bread 130
– Bananen-Schoko-Eis 128
– Mocha-Smoothie-Bowl 57
Beeren-Aufstrich 36
Birnen mit Walnüssen und Honig 127
Blueberry French Toast 40
Bohnen-Linsen-Salat 51

Brokkoli
– Brokkoli-Salat mit Buttermilchdressing 66
– Gedünstetes Gemüse mit Ei 91
– Geröstetes Gemüse mit Dukkah 61
Brühe, gekörnte 78
Buddha-Bowl mit Tempeh und Avocado-Dressing 100
Bulletproof Coffee 41
Butterkaffee 41

C

Cappuccino Oats 30
Chai-Granola 28
Cheesecake, veganer, mit Sauerkirschen 131

Chiasamen 68
– Kokos-Granola 29
– Mocha-Smoothie-Bowl 57
– Müsli-Muffins 38
– Müsliriegel mit Früchten und Nüssen 56
– Overnight Oats mit Himbeerpüree 30
Club-Sandwich 73

Couscous
– Buddha-Bowl mit Tempeh und Avocado-Dressing 100
– Putenröllchen mit Möhren-Couscous 110
– Salat im Glas 51
Cracker mit Sesam und Quinoa 75

E

Ei, pochiertes, auf Avocado-Toast 41
Eistee 17

Erbsen
– Hummus-Varianten 45
– Muffins mit Quinoa 38
– Salatteller, grüner 103
Erdbeerjoghurt 29

F

Feldsalat
– Hirse-Gemüse-Salat 52
– Kartoffel-Linsen-Salat, lauwarmer 70

Fisch 19
– Fischfilet in Oliven-Rosmarin-Sauce 104
– Gurken-Mango-Salat 101
– Nudelsalat mit Räucherforelle 101
– Pochiertes Ei auf Toast 41
– Spaghetti »Carbonara« mit Lachs 89
Frischkäse, selbst gemachter 83

G

Gedünstetes Gemüse mit Ei 91
Gemüse, geröstetes, mit Dukkah 61
Gemüsebouillon 79
Gewürzhähnchen 117

Granolas
– Chia 28
– Kokos 29
– Schokolade 28
Green Smoothie 57
Grünkohl-Frittata mit pikanter Salsa 92

Gurke
– Gurken »Sushi« 62
– Gurken-Hackfleisch-Pfanne 103
– Gurken-Mango-Salat 101

H

Hähnchen
– Gewürzhähnchen 117
– Möhren-Mango-Suppe mit Hähnchen 46
– Paprika, gefüllte mit Quinoa 108
– Salat mit Asia-Dressing und Hähnchenbrust 53

Himbeeren
– Hirse-Schichtdessert 124
– Kokos-Porridge 33
– Overnight Oats mit Himbeerpüree 30
– Ziegenkäse-Sandwich mit Senfcreme 44

Hirse
– Hirse-Gemüse-Salat 52
– Hirse-Schichtdessert 124
– Tomaten-Hirsotto mit Pilzen 113
Hummus-Varianten 45
Hummus-Brot mit Möhrensalat 44

J

Joghurt-Obst-Kuchen 139

K

Kartoffeln
– Gedünstetes Gemüse mit Ei 91
– Griechische Kartoffelecken mit Tsatsiki 74
– Kartoffel-Linsen-Salat, lauwarmer 70
– Kartoffelsalat mit pochiertem Ei 93
– Kartoffelsuppe, karibische 45
– Steaks mit Kräuterkruste und Ofenkartoffeln 118
Ketchup 79
Kokos-Granola 29
Kokos-Porridge, exotisches 33
Koteletts mit Tomaten- 104
Kräutersalz 78
Kürbis-Maronen-Suppe 65
Kürbis-Schoko-Cupcakes 136
Kurkuma-Paste 82

L

Linguine mit Ofentomaten 112

Linsen
– Bohnen-Linsen-Salat 51
– Kartoffel-Linsen-Salat, lauwarmer 70
– Kartoffelsuppe, karibische 45
– Linsensalat, fruchtiger 52

M

Mandelmilch 83
Mandeln, aktivierte 54

Mango
– Gurken-Mango-Salat 101
– Möhren-Mango-Suppe mit Hähnchen 46
– Möhren-Mango-Suppe, süße 123
Matcha-Macadamia-Trüffel 127
Matcha-Marmorkuchen 136
Melonen-Erdbeer-Sorbet 128
Mocha-Smoothie-Bowl 57

Möhren
– Buddah-Bowl mit Tempeh und Avocado-Dressing 100
– Club-Sandwich 73
– Gedünstetes Gemüse mit Ei 91
– Gemüsebouillon 79
– Geröstetes Gemüse mit Dukkah 61
– Gurken »Sushi« 62

Rezept- und Zutatenverzeichnis 141

– Hummus-Brot mit
Möhrensalat 44
– Möhren-Mango-Suppe
mit Hähnchen 46
– Möhren-Mango-Suppe,
süße 123
– Nudelsuppe 96
– Pfannkuchen-Wraps
mit Pesto 93
– Putenröllchen mit Möhren-
Couscous 110
– Spinatwaffeln, pikante 60
– Tofu mit Sesamspinat
und Möhren 97
– Tomaten-Spinat-Eintopf
mit Orzo 94
Muffins mit Quinoa 38
Müsli-Muffins 38
Müsliriegel mit Früchten
und Nüssen 56

N
Nori-Gemüse-Wraps 62
Nudeln
– Linguine mit Ofentomaten
112
– Nudelsalat mit Räucher-
forelle 101
– Pasta mit Pesto, Tomaten
und Rucola 54
– Soba-Nudeln mit
Sesamsauce 89
– Spaghetti »Carbonara«
mit Lachs 89
Nudelsuppe 96
Nussmilch 83

O
Oats
– Apple Pie 33
– Cappuccino 30
– Overnight Oats mit
Himbeerpüree 30

P
Pancakes mit Amaranth 40
Paprika
– Buddah-Bowl mit Tempeh
und Avocado-Dressing 100
– Club-Sandwich 73
– Geröstetes Gemüse
mit Dukkah 61

– Gurken »Sushi« 62
– Hirse-Gemüse-Salat 52
– Linsensalat, fruchtiger 52
– Muffins mit Quinoa 38
– Nori-Gemüse-Wraps 62
– Paprika-Cashew-Auf-
strich 37
– Paprika, gefüllte mit
Quinoa 108
– Salat im Glas 51
– Salat mit Asia-Dressing
und Hähnchenbrust 53
– Ziegenkäse-Sandwich mit
Senfcreme 44
Pasta mit Pesto, Tomaten
und Rucola 54
Pesto Rosso 80
Pfannkuchen-Wraps
mit Pesto 93
Pfirsich-Eistee 17
Pfirsiche mit Cashew-
Creme 123
Putenröllchen mit Möhren-
Couscous 110

Q
Quarkbrot, schnelles 85
Quinoa
– Cracker mit Sesam
und Quinoa 75
– Muffins 38
– Müsli-Muffins 38
– Paprika, gefüllte mit
Quinoa 108

R
Reibekuchen mit Apfelmus 91
Rote Bete
– Hummus-Varianten 45
– Rote-Bete-Burger 115
– Rote-Bete-Spinat-Salat 70
– Rote-Bete-Suppe, scharfe 65

S
Salate
– Bohnen-Linsen-Salat 51
– Brokkoli-Salat mit Butter-
milchdressing 66
– Buddha-Bowl mit Tempeh
und Avocado-Dressing 100
– Gurken-Mango-Salat 101
– Hirse-Gemüse-Salat 52

– Hummus-Brot mit
Möhrensalat 44
– Kartoffel-Linsen-Salat,
lauwarmer 70
– Kartoffelsalat mit
pochiertem Ei 93
– Linsensalat, fruchtiger 52
– Rote-Bete-Spinat-Salat 70
– Salat im Glas 51
– Salat mit Asia-Dressing
und Hähnchenbrust 53
– Salatteller, grüner 103
– Spargel-Radieschen-
Salat 66
– Zucchini-Pilz-Salat 71
Schokolade
– Schoko-Crunch mit gepufftem
Getreide 130
– Schokoladen-Granola 28
– Schokoladen-Nuss-
Aufstrich 37
– Schokoladencreme 124
Senf, grober 82
Smoothie, Frühstück 36
Smoothies 34
– Cappuccino-Oats 30
– für Anfänger 34
– für Fortgeschrittene 34
– für Profis 34
– Green Smoothie 57
– Mocha-Smoothie-Bowl 57
Snacks 13
Soba-Nudeln mit
Sesamsauce 89
Spaghetti »Carbonara«
mit Lachs 89
Spargel mit Zitronen-Nuss-
Bröseln 110
Spargel-Radieschen-Salat 66
Spinat 68
– Auberginen-Calzone 61
– Buddah-Bowl mit Tempeh
und Avocado-Dressing 100
– Paprika, gefüllte mit
Quinoa 108
– Rote-Bete-Spinat-Salat 70
– Salatteller, grüner 103
– Spinatwaffeln, pikante 60
– Superstulle 71
– Tofu mit Sesamspinat
und Möhren 97

– Tomaten-Spinat-Eintopf mit
Orzo 94
Steaks mit Kräuterkruste
und Ofenkartoffeln 118
Superstulle 71
Suppen
– Brühe, gekörnte 78
– Gemüsebouillon 79
– Kartoffelsuppe, karibische
45
– Kürbis-Maronen-Suppe 65
– Möhren-Mango-Suppe
mit Hähnchen 46
– Nudelsuppe 96
– Rote-Bete-Suppe, scharfe
65
– Tomaten-Spinat-Eintopf
mit Orzo 94
Süßkartoffel
– Süßkartoffel-Brownies 139
– Süßkartoffel-Chili
sin Carne 109
– Süßkartoffel-Pommes 112

T
Tofu mit Sesamspinat
und Möhren 97
Tom Yam Gung 94
Tomaten
– Tomaten-Hirsotto
mit Pilzen 113
– Tomaten-Spinat-Eintopf
mit Orzo 94
– Tomatensauce 80

V
Vollkornbrötchen 85

W
Wasser, aromatisiertes 16

Z
Ziegenkäse-Sandwich
mit Senfcreme 44
Zucchini
– Auberginenbällchen
mit Tomatensauce 109
– Club-Sandwich 73
– Pfannkuchen-Wraps
mit Pesto 93
– Zucchini-Pilz-Salat 71

Stichwortverzeichnis

A
Agavendicksaft 134
Ahornsirup 134
Alkohol 16
Alpha-Linolensäure 68
Avocado 69

B
Blase 15
Blender 23
Blutzuckerspiegel 12, 132

C
Chiasamen 68
Clean Eating mit Kindern
  98
Clean Eating to go 48

D
Dampfgareinsatz 23
Dattelsüße 134

E
Eier 19
Einfrieren 22
Einkaufen 21

F
Fette, gute 13
Fisch 19

Fleisch 19
Flüssigkeitsbedarf 14
Fruchtsäfte 15
Fruchtzucker 132
Fructose 132
Frühstück 13

G
Green Smoothies 34
Grüner Tee 16
Grünkohl 68

H
Hanfsamen 69
Heidelbeeren 68
Honig 134

I
Insulin 132

K
Kaffee 16
Kakao 69
Kantine 48
Koffein 68
Kohlenhydrate 13
Kokosblütenzucker 134
Kokosnuss 69
Kräutertee 16
Kurkuma 69

L
Lagerung von Lebensmitteln
  22
Lebensmittel, cleane 18
Leinsaat 68
Limonade 15

M
Matcha 16, 68
Messer 23
Milch 18
Milchprodukte 18

O
Omega-3-Fettsäuren 68

P
Partys 22
Portionsgröße 19
Proteine 13, 19
Pürierstab 23

R
Restaurant 48

S
Saccharose 132
Saisonkalender 20
Salz 23
Schokolade 49

Schorlen 15
Smoothies 34
Snacks 35, 49
Softdrinks 15
Spinat 68
Stevia 134
Superfoods 68
Süßstoffe 134

T
Tee 16
Tiefkühlware 22
Trinken 14
Trockenfrüchte 134
Trockenobst 49

W
Wochenplan 21

Z
Zucker 23, 132
Zuckerersatzstoffe 134
Zwischenmahlzeiten 12

Neue Lieblingsrezepte für die ganze Familie

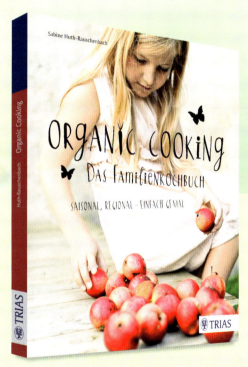

▸ **PRAGMATISCH UND LECKER**

Alle Rezepte gehen schnell, sind originell und kreativ. Sie kommen bei Kindern garantiert gut an und vermitteln ihnen den achtsamen Umgang mit Lebensmitteln.

Sabine Huth-Rauschenbach
Organic Cooking – Das Familienkochbuch
€ 19,99 [D] / € 20,60 [A]
ISBN 978-3-8304-8047-1
Auch als E-Book

Bequem bestellen über
www.trias-verlag.de
versandkostenfrei
innerhalb Deutschlands

Wissen, was gut tut.

Impressum

Bibliografische Information der Deutschen Nationalbibliothek
Die Deutsche Nationalbibliothek verzeichnet diese Publikation in der Deutschen Nationalbibliografie; detaillierte bibliografische Daten sind im Internet über http://dnb.d-nb.de abrufbar.

Programmplanung: Uta Spieldiener

Redaktion: Ursula Brunn-Steiner, Vaihingen/Enz
Bildredaktion: Christoph Frick

Umschlaggestaltung und Layout:
CYCLUS Visuelle Kommunikation, Stuttgart

Coverfoto und Innenbebilderung:
Gunda Dittrich, Wien
Foodstyling: Bernadette Wörndl, Wien

1. Auflage 2016

© 2016 TRIAS Verlag in
Georg Thieme Verlag KG, Rüdigerstraße 14, 70469 Stuttgart

Printed in Germany

Satz und Repro: Ziegler und Müller, Kirchentellinsfurt
gesetzt in: APP/3B2, Version 9.1 Unicode
Druck: AZ Druck und Datentechnik GmbH, Kempten

Gedruckt auf chlorfrei gebleichtem Papier

ISBN 978-3-432-10005-0

1 2 3 4 5 6

Auch erhältlich als E-Book:
eISBN (ePUB) 978-3-432-10003-6
eISBN (PDF)   978-3-432-10004-3

Wichtiger Hinweis: Wie jede Wissenschaft ist die Medizin ständigen Entwicklungen unterworfen. Forschung und klinische Erfahrung erweitern unsere Erkenntnisse. Ganz besonders gilt das für die Behandlung und die medikamentöse Therapie. Bei allen in diesem Werk erwähnten Dosierungen oder Applikationen, bei Rezepten und Übungsanleitungen, bei Empfehlungen und Tipps dürfen Sie darauf vertrauen: Autoren, Herausgeber und Verlag haben große Sorgfalt darauf verwandt, dass diese Angabe dem Wissensstand bei Fertigstellung des Werkes entsprechen. Rezepte werden gekocht und ausprobiert. Übungen und Übungsreihen haben sich in der Praxis erfolgreich bewährt.

Eine Garantie kann jedoch nicht übernommen werden. Eine Haftung des Autors, des Verlags oder seiner Beauftragten für Personen-, Sach- oder Vermögensschäden ist ausgeschlossen.

Das Werk, einschließlich aller seiner Teile, ist urheberrechtlich geschützt. Jede Verwendung außerhalb der engen Grenzen des Urheberrechtsgesetzes ist ohne Zustimmung des Verlages unzulässig und strafbar. Das gilt insbesondere für Vervielfältigungen, Übersetzungen, Mikroverfilmungen oder die Einspeicherung und Verarbeitung in elektronischen Systemen.

Geschützte Warennamen (Warenzeichen) werden **nicht** besonders kenntlich gemacht. Aus dem Fehlen eines solchen Hinweises kann also nicht geschlossen werden, dass es sich um einen freien Warennamen handelt.

Die abgebildeten Personen haben in keiner Weise etwas mit der Krankheit zu tun.

Liebe Leserin, lieber Leser,

hat Ihnen dieses Buch weitergeholfen? Für Anregungen, Kritik, aber auch für Lob sind wir offen. So können wir in Zukunft noch besser auf Ihre Wünsche eingehen.

Schreiben Sie uns, denn Ihre Meinung zählt!

Ihr TRIAS Verlag

E-Mail-Leserservice:
kundenservice@trias-verlag.de

Adresse:
Lektorat TRIAS Verlag
Postfach 30 05 04
70445 Stuttgart
Fax: 0711-89 31-748

Lassen Sie sich inspirieren!
www.pinterest.com/triasverlag

Besuchen Sie uns auf facebook!
www.facebook.com/trias.tut.mir.gut